Österreichische
TRENNKOST-KÜCHE
365 Tage gesund und schlank

Das Werk, einschließlich aller seiner Teile, ist urheberrechtlich geschützt.
Jede Verwertung außerhalb des Urhebergesetzes ist ohne Zustimmung der Hubert Krenn VerlagsgesmbH unzulässig und strafbar. Das gilt insbesonders für Vervielfältigungen, Übersetzungen, Mikroverfilmungen und die Einspeicherung und Verarbeitung in elektronischen Systemen.

Es ist deshalb nicht gestattet, Abbildungen dieses Buches zu scannen, in PCs bzw. auf CDs zu speichern oder in PCs/Computern zu verändern oder einzeln oder zusammen mit anderen Bildvorlagen zu manipulieren, es sei denn, mit schriftlicher Genehmigung.

Die in diesem Buch veröffentlichten Ratschläge sind mit größter Sorgfalt von der Redaktion erarbeitet und geprüft worden. Eine Garantie kann jedoch nicht übernommen werden. Ebenso ist eine Haftung der Redaktion und ihrer Beauftragten für Personen-, Sach- oder Vermögensschäden ausgeschlossen.

Jede gewerbliche Nutzung der Arbeiten und Entwürfe ist nur mit Genehmigung der Hubert Krenn VerlagsgesmbH gestattet.

Titel: Österreichische Trennkost-Küche
365 Tage gesund und schlank

© 2003 by Hubert Krenn VerlagsgesmbH
Wiedner Hauptstrasse 64, 1040 Wien
Tel: 01/58 53 472, Fax: 01/58 50 483
e-mail: hwk@buchagentur, URL: www.hubertkrenn.at
Druck und Bindung: Druckerei Theiss GmbH, A-9431 St. Stefan

ISBN 3-902351-08-X

Österreichische
TRENNKOST-KÜCHE

365 Tage gesund und schlank

Inhalts-
verzeichnis

**Gesund und vital
mit Trennkost**   11

**Trennkost-Rezepte
Jänner – Dezember**   17

Jänner

Kaiserschmarren	K	18
Zwetschkenröster mit Dörrzwetschken	K	18
Krautrouladen	E	19
Bananenmüsli	K	19
Gemüsepuffer	K	19
Schafskäse pikant	N	20
Gemüsesulz	E	20
Knoblauchsuppe mit Brotwürfeln	K	20
Salat mit Räucherlachs	E	21
Grießauflauf	K	21
Kartoffelsuppe mit Karotten	K	21
Faschierter Braten	E	22
Liptauer	N	22
Mohnstrudel	K	22
Dinkelmüsli	K	23
Brathuhn	E	23
Fischsuppe mit Gemüse	E	23
Germknödel	K	24
Tafelspitz	E	24
Apfelkren	E	24
Nockerln mit Zwiebeln und Speck	K	25
Bananendessert	K	25
Sauerkraut-Rohkostsalat	E	25
Kümmelkartoffeln	K	26
Sauerkraut mit Speck	N	26
Nudelsalat mit Räucherlachs	K	26
Omelette mit Champignons	E	27
Pikanter Salat	E	27
Rindsrouladen	E	27
Eiernockerln	K	28
Reisauflauf	K	28
Steirisches Wurzelfleisch	E	28
Brot mit Obatztem	K	29
Rindfleischsalat	E	29
Kartoffelknödel	K	29
Weißkraut	N	30
Kartoffellaibchen	K	30
Gurkensoße mit Dille	N	30
Kresseschaumsuppe	K	31
Karottensalat gekocht	E	31
Kartoffeln mit Schafskäsekruste	K	31
Reissuppe	K	32
Karotten in Senfobers	E	32
Forelle blau	E	32
Champignonsalat	E	33
Rahmsuppe	E	33
Paprikahuhn	E	33

Februar

Buchweizennockerln mit Champignonsoße	K	34
Spagetti mit Olivenöl & Knoblauch	K	35
Karotten-Sauerkraut-Salat	K	35
Fischsuppe	E	35
Gurkensalat	E	36
Zwiebelomelette	E	36
Zwetschkenknödel mit Dörrzwetschken	K	36
Karottensuppe	K	37
Aufstrich mit geräucherten Fischen	E	37
Rindsragout mit Wurzelgemüse	E	37
Gulaschsuppe mit Putenfleisch	E	38
Selleriesalat mit Orangen	E	38
Faschierte Laibchen	E	38
Gefüllte Kartoffeln	K	39
Kalbsschnitzel natur	E	39
Buntes Knoblauchgemüse	N	39
Topfenaufstrich süß	K	40
Gemüseeintopf mit Speck	K	40
Nussstrudel	K	40
Lammkoteletts	E	41
Wurzelgemüsesalat	E	41
Topfenknödel	K	41
Lachsbutter	N	42

Schweinsschnitzel mit Avocadopüree	E	42
Käsesalat	E	42
Beiried mit Kräuterbutter	E	43
Gemüseaufstrich	N	43
Curryreis	K	43
Kartoffelsuppe mit Gurke	K	44
Frischkäsebrot	K	44
Gemüselaibchen	K	44
Sauerkrautsuppe	E	45
Spagetti mit Wurzelgemüse	K	45
Krenaufstrich	N	45
Rindsbraten mit Wurzelgemüse	E	46
Käseaufstrich	N	46
Knoblauchkartoffeln	K	46
Kartoffelauflauf mit Wirsing	K	47
Amarettotraum	K	47
Fleischpfanne mit Karotten	E	47
Gurkenaufstrich	N	48
Lachssteaks auf Wurzelgemüse	E	48
Avocadosalat	E	48
Kartoffeleintopf	K	58
Wirsinggemüse	E	58
Polentanockerln mit Paprika	K	59
Geröstete Salatgurke	N	59
Szegediner Gulasch	E	59
Radicchio mit Avocado	E	60
Palatschinken	K	60
Salat mit Roquefort	E	60
Karottenauflauf mit Kartoffeln	K	61
Gurkenschaumsuppe	E	61
Apfeljogurt	E	61
Kräuterforellen auf Gemüse	E	62
Bananenfrühstück	K	62
Kartoffelpüree	K	62
Sauerkrautgemüse	K	63
Frühstückstoast mit Honig	K	63
Rindsfilet natur	E	63
Karottenpfanne	N	64
Nudeln mit Champignons	K	64
Kartoffelsalat mit Tomaten	K	64

März

Lammbraten	E	49
Lauchsuppe	E	50
Ananas mit Schlag	E	50
Seelachsfilet mit Chicoree	E	50
Hafermüsli	K	51
Kerbelsuppe	E	51
Reis mit Gemüsestreifen	K	51
Wirsingtaschen mit Hühnerbrüstchen	E	52
Pikanter Kartoffelsalat	K	52
Lauchaufstrich	N	52
Chinakohl gedämpft	K	53
Kartoffelcremesuppe	K	53
Avocadodip	E	53
Bauernsalat	K	54
Kalbskoteletts süß-sauer	E	54
Brot mit Topfen und Kresse	K	54
Kohlrouladen	K	55
Eischaum	K	55
Lauchgratin	N	55
Gemüsesuppe mit Reis	K	56
Chicoree gedünstet	N	56
Zwiebeln mit Honig	K	56
Gurken-Lauch-Carpaccio	E	57
Topfentascherln	K	57
Brot mit Butter und Schnittlauch	K	57
Lachsforellensteak mit Kräuterbutter	E	58

April

Bärlauchsuppe	K	65
Lachssalat	E	66
Pikante Avocadocreme	E	66
Eichblattsalat mit Ziegenkäse	E	66
Eieromelette	E	67
Bananenmilch	K	67
Hühnerbrüstchen mit Spargel	E	67
Karotten im Schinkenmantel	E	68
Omelette mit Speck	K	68
Zwiebelkartoffeln	K	68
Salat mit Räucherforellen	E	69
Zimtparfait	K	69
Semmelknödel	K	69
Kräutercremesuppe	E	70
Topfencreme mit Rosinen	K	70
Erbsenpüree	N	70
Wirsingrouladen mit Reis	K	71
Kartoffelnockerln	K	71
Lachsforellenfilets natur	E	71
Knoblauchsoße	E	72
Frühlingssalat	E	72
Kalbsbraten	E	72
Kokoskugeln	K	73
Kartoffelaufstrich	K	73
Gemüsepfanne mit Kartoffeln	K	73
Rucola mit Putenbruststreifen	E	74

Wirsinggemüse mit Champignons	N	74
Eisalat mit Spargel	E	74
Gedünsteter Reis	K	75
Forelle in Mandelbutter	E	75
Kartoffelgulasch	K	75
Vollkornbrot mit Butter und Honig	K	76
Kartoffelpastete mit Kräuterjogurt	K	76
Reisschnitzel	K	76
Kalbsragout	E	77
Pikantes Gemüse	E	77
Avocado mit Knoblauch	N	77
Löwenzahnsalat	E	78
Räucherforellenbutter	N	78
Spagetti mit Spargel	K	78
Hühnersalat	E	79
Knoblauchspießchen	E	79
Risotto mit Gurken	K	79
Bischofsbrot	K	80
Spinatcremesuppe	N	80

Mai

Tagliatelle mit Gemüse	K	81
Zanderröllchen mit Spinat	E	82
Salat mit Ei und Radieschen	E	82
Kräutersuppe	K	82
Wirsingrouladen mit Lachs	E	83
Spargel mit Vinaigrette	E	83
Radieschenaufstrich	N	83
Seezunge überbacken	E	84
Gemüsegulasch	K	84
Topfenaufstrich mit Dille	N	84
Filetspitzen vom Rind auf Blattsalat	E	85
Spinatgnocchi	K	85
Brennnesselsuppe	K	85
Gemüsesalat mit Käse	E	86
Rindfleischeintopf mit grünen Bohnen	E	86
Sauerkraut	K	86
Buchweizenlaibchen	K	87
Salatteller mit Hühnerbruststreifen	E	87
Karotten-Apfel-Schale	E	87
Krautfleisch	E	88
Spinatsalat mit Eiern	E	88
Wirsingrouladen mit Gemüse	E	88
Räucherlachssalat	E	89
Spargel in Buttersoße	E	89
Schnittlauchaufstrich	N	89
Hühnerbrüstchen in grüner Soße	E	90

Rohkostplatte	E	90
Mohnnudeln	K	90
Brot mit Mozzarella	K	91
Tomaten mit Tunfisch	E	91
Rindslungenbraten in Paprikasoße	E	91
Spargel mit Balsamicoessig	E	92
Tomatensuppe mit grünen Bohnen	E	92
Gemüseauflauf mit Faschiertem	E	92
Kartoffeln mit Kräutertopfen	K	93
Putenschnitzel auf Gemüseallerlei	E	93
Kartoffelauflauf mit Kohlrabi	K	93
Wirsingrouladen mit Champignons	N	94
Gemüsesuppe nach Art des Hauses	K	94
Topfencreme mit Erdbeeren	E	94
Lammfilet mit Roquefort	E	95
Salat mit Ziegenkäse	E	95
Fischsuppe mit Tomate	E	95
Spargelsalat	E	96
Lachsragout mit Kohlrabi	E	96
Rucola-Salat	E	96

Juni

Hühnerfilet auf Bohnengemüse	E	97
Nussgebäck	K	97
Gemüsepfanne mit Hirse	K	98
Eistee	E	98
Gemüsesalat mit Koriander	E	98
Kartoffeltaschen mit Speck	K	99
Kräuterbutter	N	99
Gestürzte Oberscreme	K	99
Kohlrabisuppe	K	100
Tunfischsalat	E	100
Risotto mit Gemüse	K	100
Spargel mit Ziegenkäse	K	101
Karottengemüse mit Zuckerschoten	N	101
Marillenknödel	K	101
Omelette mit Käse	E	102
Bohnengemüse	E	102
Wurstsalat mit Sellerie	E	102
Schweinsmedaillons mit Gemüse	E	103
Spargel mit Butter und Schnittlauch	K	103
Hubertusschnitzel	E	103
Radieschensuppe	K	104
Artischocken in Zitronensoße	E	104
Beiried mit Speckbohnen	E	104
Frühlingsgemüseauflauf	E	105
Mozzarellaspießchen	N	105
Karfiolsuppe	K	105

Rindfleischsalat mit Käse	E	106
Spinatsalat mit Äpfeln und Nüssen	E	106
Spargel mit Salbeibutter	N	106
Tomatensoße mit Kohlrabi	E	107
Melone mit Schinken	N	107
Grüne Bohnen mit Speck	K	107
Zucchininockerln	K	108
Erdbeersekt	E	108
Bandnudeln mit Gemüsesoße	K	108
Hühnerbrüstchen mit Lauchfüllung	E	109
Grüne Bohnen mit Parmesan	E	109
Fruchtsalat	E	109
Melonensalat mit Mozzarella	E	110
Grahamweckerl mit Rahmbrie	K	110
Nudelsalat	K	110
Schwammerlsuppe mit Gemüse	N	111
Topfencreme mit Zitronenmelisse	E	111
Hörnchen mit Gemüse und Speck	K	111
Spargel mit Avocadosoße	E	112
Lammkoteletts mit Speckbohnen	E	112

Juli

Spinatsalat mit Schafskäse	E	129
Beeren mit Jogurt	E	129
Gemüseeintopf mit Putenfleisch	E	130
Gurkenkaltschale	N	130
Tomatensalat mit Frühlingszwiebeln	E	130
Lachsforelle auf Gemüsebeet	E	131
Birnenjogurt mit Nüssen	E	131
Kartoffelstrudel mit Lauch	K	131
Omelette mit Oliven	E	132
Salat mit Radieschen und Champignons	E	132
Hirseauflauf mit Gemüse	K	132
Zucchinigratin	E	133
Buttermilch mit Früchten	E	133
Bohnensalat auf Italienisch	E	133
Orientalischer Gemüsetopf	E	134
Salat mit Rohschinken	E	134
Avocadokaltschale	N	134
Karottensalat in der Melone	E	135
Blattspinat mit Brennnesseln	N	135
Gemüseeintopf mit Huhn	E	135
Gefüllte Zucchini mit Krabben	E	136
Bohnen mit Basilikum	E	136
Paprikareis	K	136
Putenschnitzel mit Zucchini	E	137
Schwammerlgulasch	E	137

Apfel-Karottensaft	E	137
Lammeintopf	E	138
Kohlrabisalat mit Radieschen	E	138
Gemüsepfanne mit Mozzarella	E	138
Mittelmeersalat	E	139
Heidelbeeren mit Zimtobers	N	139
Kartoffelstrudel mit Eierschwammerln	K	139
Tomatensalat mit Mozzarella	E	140
Erdbeeren mit Sauerrahm	E	140
Rotbarschfilets mit Gemüse	E	140
Radieschensalat mit Brunnenkresse	E	141
Blattspinat mit Parmesan	E	141
Sommergemüse	E	141
Eierspeis mit Zucchini	E	142
Mischsalat	E	142
Karfiolsuppe mit Broccoli	K	142
Zucchinitopf mit Faschiertem	E	143
Früchtemix	E	143
Gemüsespieße	N	143
Griechischer Bauernsalat	E	144
Spinatsalat mit Mozzarella	E	144
Grüne Bohnen mit Eierschwammerln	N	144

August

Wurstsalat mit Tomaten	E	145
Pfirsichjogurt	E	145
Kalte Gemüsesuppe	E	146
Überbackenes Brot mit Schafskäse und Basilikum	K	146
Nudeln mit Zucchini-Karottensoße	K	146
Bröselgemüse	K	147
Maiskolben mit Kräuterbutter	N	147
Schweinskoteletts mit überbackenen Tomaten	E	147
Paprika-Zucchini-Salat	K	148
Vitamindrink	E	148
Currygemüse mit Getreide	K	148
Rustikaler Salat	E	149
Saiblingfilets auf Gemüsebouquet	E	149
Lauchgemüse	N	149
Müsli mit Feigen	K	150
Karottengemüse mit Broccoli	N	150
Pikante Polentaschnitten	K	150
Zucchinikaltschale	N	151
Spinatgratin	E	151
Spagetti mit Gemüsesoße	K	151
Tomatenbrot	K	152

Pikante Eierschwammerln	N	152
Provencalischer Eintopf mit Huhn	E	152
Blattsalat mit Eierschwammerln	K	153
Jogurtdrink mit Kiwi	E	153
Gemüseallerlei	K	153
Marillen-Haferflockenmüsli	K	154
Auberginen mit Tomaten	E	154
Karfiolsalat mit Heidelbeermarinade	K	154
Blattspinat mit Spiegelei	E	155
Sommersalat	E	155
Pikantes Huhn	E	155
Gemüsesuppe mit Parmesan	E	156
Fruchtcreme	E	156
Zucchiniauflauf	E	156
Brot mit Tomaten und Kresse	K	157
Gemüsecremesuppe	N	157
Sommerlicher Gemüsetopf	E	157
Heidelbeermarmelade	K	158
Karfiol in Bröselbutter	K	158
Rotbarschfilets mit Tomaten	E	158
Salat Tropicana	E	159
Jogurtgetränk	N	159
Minestrone	K	159
Lauchcremesuppe	K	160
Bohnengemüse pikant	E	160
Zucchinirouladen	E	160

September

Gemüsereis	K	161
Obstsalat	E	161
Kürbissuppe mit Karotten	K	162
Traubenjogurt	E	162
Kartoffelnudeln mit gebratenen Zucchini	K	162
Karfiol mit Äpfeln	E	163
Blattsalat mit frischem Schafskäse	E	163
Rehrücken mit Mangold	E	163
Zucchinirisotto	K	164
Blattspinat mit Speck	N	164
Kartoffelgulasch mit Kürbis	K	164
Wurstsalat mit Mortadella	E	165
Zucchinisalat	E	165
Hechtfilet natur mit Gemüse	E	165
Vollkornnudeln mit frischen Pilzen	K	166
Heidelbeermüsli	K	166
Mangold mit Pinienkernen	E	166
Seelachsfilets mit gefüllten Tomaten	E	167
Butterbrot mit grünem Paprika	K	167

Bohnengemüse mit Tomaten	E	167
Kürbisgemüse	N	168
Birnenschale	E	168
Putenspieß im Speckmantel	E	168
Tomatensalat mit Schafskäse	E	169
Mangold mit Zwiebeln und Speck	N	169
Gemüseauflauf mit Frischkäse	N	169
Gemüsesandwich	K	170
Tomatensalat	E	170
Knoblauch-Ratatouille	E	170
Rote Fischsuppe	E	171
Kohlrabisalat mit Walnüssen	E	171
Gefüllte Auberginen	N	171
Nudelsalat mit Zucchini	K	172
Gefüllte Tomaten mit Schafskäse	E	172
Zucchinicremesuppe	E	172
Gemüse süß-sauer	E	173
Brot mit Avocadotopfen	K	173
Gefüllte Paprika mit Tomatensoße	E	173
Überbackener Blattspinat mit Champignons	N	174
Gurkenbrot	K	174
Marinierte Auberginen und Zucchini	E	174
Rindsfiletspitzen in Champignonsoße	E	175
Spagetti mit Zucchini	K	175
Gemüsetopf	E	175
Marinierte Zucchini	E	176

Oktober

Karfiol mit Käsesoße	E	177
Jogurt mit Dörrzwetschken	K	177
Risottoauflauf	K	178
Räucherforellenfilets auf Blattsalat	E	178
Zucchinischeiben gebraten	N	178
Kartoffelsalat mit Gurke	K	179
Lauchpfanne mit Tomaten	E	179
Gemüsesuppe mit Gerste	K	179
Kürbisschnitzel	K	180
Kastanienreis mit Schlag	K	180
Rote-Rüben-Salat	E	180
Heilbutt mit Gemüse	E	181
Krautsuppe mit Käse	E	181
Eierspeis	E	181
Gefüllte Zucchini	K	182
Putenpfanne mit Paprika	E	182
Fenchelsalat mit Äpfeln	E	182
Blätterteigtaschen mit Gemüse	K	183
Selleriepüree	E	183

Gebratene Auberginen und Zucchini	N	183
Marinierter Ziegenkäse auf Blattsalat	E	184
Kürbiseintopf	E	184
Topfencreme mit Bananen	K	184
Fogosch im Wurzelsud	E	185
Lachsbrötchen	K	185
Gemüsesalat	E	185
Gefüllte Tomaten mit Faschiertem	E	186
Kartoffelgratin mit Frischkäse	K	186
Paprikaspieß	E	186
Warmer Karfiolsalat	E	187
Majoranfleisch	E	187
Vollkornnudeln mit Rahmgemüse	K	187
Tomatensuppe mit Basilikum	E	188
Scharfe Zucchini	E	188
Mariniertes Gemüse	E	188
Überbackene Zucchini	E	189
Kartoffellaibchen mit Mozzarella	K	189
Karfiol in Parmesan	E	189
Radicchiosalat	E	190
Mousse au chocolat	K	190
Linsen mit Stangensellerie	E	190
Eisalat mit Apfel	E	191
Kürbisgemüse mit Kartoffeln	K	191
Fenchel überbacken	E	191
Krautfleckerln	K	192
Rohkost mit Nüssen	E	192
Auberginenauflauf	E	192

November

Tomaten mit Basilikum-Oberssoße	E	193
Karfiol pikant	E	194
Fenchelgemüse	E	194
Forellenfilet mit Wurzelgemüse	E	194
Zucchiniröllchen	N	195
Weißkraut in Speckmarinade	E	195
Rindsgulasch	E	195
Tortellini-Auflauf	K	196
Auberginen mit Speck	N	196
Steaks in Tomatengemüse	E	196
Kürbis gebraten	E	197
Ganslbraten	E	197
Rotkraut mit Trauben	E	197
Blaukraut	E	198
Fenchelcremesuppe	N	198
Kaninchen mit Gemüse	E	198
Zucchinisalat mit Mozzarella und Sellerie	E	199
Entenbrust in Orangensoße	E	199
Gebratene Bananen	K	199
Paprikasalat	E	200
Zucchinigemüse mit Tomaten	E	200
Überbackene Schinkenrollen	E	200
Rote-Rüben-Salat mit Fenchel	E	201
Knoblauchforelle	E	201
Gemüsepfanne für Eilige	E	201
Tomaten-Mais-Gemüse	E	202
Basilikumsoße	N	202
Spagetti mit Wintergemüse	K	202
Geflügelsalat mit Orangen und Äpfeln	E	203
Knoblauchbaguette	K	203
Lasagne mit Weißkraut und Faschiertem	E	203
Gefüllte Paprika mit Mozzarella	K	204
Fenchelsalat	E	204
Zwiebelrostbraten	E	204
Kabeljau im Gemüsesud	E	205
Blaukraut-Risotto	K	205
Currygemüse mit Fisch	E	205
Kürbissalat mit Schafskäse	E	206
Fenchelgratin mit Frischkäsesoße	N	206
Schweinskoteletts mit Tomaten und Oliven	E	206
Gemüseauflauf mit Gorgonzola	E	207
Gemüsepfanne mit Weizen	K	207
Italienischer Fenchelsalat	E	207
Zucchini-Grünkern-Auflauf	K	208

Dezember

Fischauflauf mit Gemüse und Mozzarella	E	209
Selleriesalat gekocht	E	210
Birnenkompott	E	210
Burgunderbraten mit Zucchinigemüse	E	210
Rotkrautsuppe	E	211
Dinkelkipferln	K	211
Karpfen mit Zucchinigemüse	E	211
Wirsing mit Lauch	N	212
Dinkelnockerln	K	212
Spagetti mit Fenchel-Paprika-Gemüse	K	212
Apfelkompott	E	213
Waldorfsalat	E	213
Forelle auf Kürbisgemüse	E	213
Karotten in Rahmsoße	N	214

Topfenaufstrich mit Nüssen	N	214
Polentaschnitten	K	214
Fenchel in Safransoße	N	215
Rosmarinkartoffeln	K	215
Putengulasch	E	215
Topfenauflauf mit Äpfeln	E	216
Weihnachtsbäckerei	K	216
Zucchini mit Karotten	N	216
Reislaibchen	K	217
Grießsuppe	K	217
Bohnengemüse mit Fenchel	N	217
Schnitzel mit Schinken und Salbei	E	218
Schokobusserln	K	218
Gemüsegratin mit Schafskäse	K	218
Hirseflockensuppe	K	219
Karottenaufstrich	E	219
Zwiebelfisch	E	219
Selleriecremesuppe	E	220
Putenrollbraten	E	220
Fasanenbrust mit Zucchini auf Blattsalat	E	220
Weihnachtskarpfen	E	221
Gebratener Truthahn	E	221
Jogurtnockerln auf Himbeermark	E	221
Schwammerlreis mit Kräutern	K	222
Apfelcreme	E	222
Kartoffelknödel mit Lauchbutter	K	222
Karottencremesuppe	K	223
Topfenstangerln	K	223
Kalbsgulasch	E	223
Pumpernickelwürfel	K	224
Hirsotto	K	224
Reisknödel mit Frischkäse	K	224

Rezeptverzeichnis nach Nahrungsmittelgruppen   **225**

Verwendete Abkürzungen:

EL = Esslöffel

TL = Teelöffel

l = Liter

ml = Milliliter

dl = Deziliter

g = Gramm

kg = Kilogramm

Fett i. Tr. = Fett in der Trockenmasse

Die Rezepte sind immer für **vier** Personen bemessen.

K kennzeichnet **Kohlenhydrat**gerichte.

E steht für **eiweißreiche** Rezepte.

N markiert Gerichte aus **neutralen** Lebensmitteln.

 Dieses Symbol steht immer zwischen zwei Gerichten, die man innerhalb einer Mahlzeit auf keinen Fall miteinander kombinieren kann.

Gesund und vital mit Trennkost

In den letzten Jahren ist vermehrt festzustellen, dass das Interesse an gesunden Ernährungsformen zunimmt.

Stellt man die Frage nach Trennkost, so gibt es kaum jemanden, der nicht schon davon gehört hat, doch deutlich weniger Menschen ernähren sich tatsächlich nach dem Prinzip der Trennkost. Der Grund dafür liegt vermutlich darin, dass die meisten meinen, diese Ernährungsweise sei zu kompliziert und Zeitmangel und Berufstätigkeit würden es nicht erlauben, diese Ernährungsform in den Alltag zu integrieren.

Natürlich ist es notwendig, etwas Zeit in die Ernährungsumstellung in den ersten zwei bis drei Wochen zu investieren, doch der Erfolg wird Sie dafür tausendfach entschädigen.

So kommt es durch die Trennkost zu hohen Gewichtsabnahmen in nur wenigen Wochen, wobei das Körpergewicht dann mühelos gehalten werden kann, wenn Sie sich weiterhin nach dem Trennkost-Prinzip ernähren.

Man fühlt sich leichter, vitaler und fröhlicher und kann den Anforderungen im Berufs- und Privatleben viel gelassener begegnen.

Jeder, der Trennkost anwendet, wird mit mehr Vitalität in seinem Leben belohnt.

Die Trennkost nach Dr. Hay

Der amerikanische Arzt Dr. Howard Hay entwickelte zu Beginn des 20. Jahrhunderts diese Ernährungsweise. Nachdem bei ihm selbst eine unheilbare Erkrankung diagnostiziert wurde, informierte er sich über die Ernährungsgewohnheiten unserer Vorfahren. Dabei war auffallend, dass diese sich hauptsächlich von Gemüse, Salat, Obst und Getreide ernährten. Tierisches Eiweiß wurde kaum gegessen, und wenn, dann nur in kleinen Mengen. Dr. Hay begann sich nach diesem Vorbild zu ernähren und wurde tatsächlich wieder gesund.

Das Säure-Basen-Gleichgewicht

Damit unser Säure-Basen-Haushalt tatsächlich im Gleichgewicht ist und wir uns dadurch frisch und lebensfroh fühlen, sollten wir nicht zuviel tierisches Eiweiß und Kohlenhydrate zu uns nehmen.

Tatsächlich sollte unsere tägliche Ernährung zu 70-80 % aus basenbildenden Nahrungsmitteln, sprich Obst, Gemüse und Salat bestehen, wobei die Hälfte davon roh gegessen werden sollte. 10-15 % unserer täglichen Nahrung sollten aus tierischem Eiweiß und aus ebenso vielen Kohlenhydraten bestehen.

Die Verdauung von Eiweiß benötigt ein saures Milieu im Magen. Hier beginnt durch das eiweißspaltende Pepsin die Vorverdauung des Eiweißes, die dann im Dünndarm durch die Proteasen fortgesetzt wird. Die Verdauung von Kohlenhydraten erfordert hingegen ein basisches Milieu und beginnt bereits im Mund durch das dort vorhandene Enzym Ptyalin. Im Magen findet keine Verdauung von Kohlenhydraten statt, erst im Dünndarm wird der Speisebrei durch das Enzym Amylase weiterverdaut.

Werden innerhalb einer Mahlzeit eiweißhaltige und kohlenhydrathaltige Nahrungsmittel gemischt, so stellt das eine enorme Belastung für unseren Organismus und die Verdauungsorgane dar. Es kommt zu einer verzögerten und möglicherweise unvollständigen Verdauung, Blähbauch, Völlegefühl, Müdigkeit und Lustlosigkeit sind die Folge davon.

Die Grundregeln der Hayschen Trennkost

- Essen Sie möglichst **niemals kohlenhydrathaltige und eiweißhaltige Nahrungsmittel innerhalb einer Mahlzeit.** Dadurch werden die Verdauungsorgane entlastet und die große Müdigkeit und das Völlegefühl nach den Mahlzeiten vermieden. Eine 100%ige Trennung ist nicht möglich, da die meisten Nahrungsmittel einen unterschiedlichen Anteil an Eiweißen und Kohlenhydraten aufweisen.

- Verwenden Sie **keine unnatürlichen Lebensmittel.** Essen Sie so natürlich wie möglich und vermeiden Sie alle Nahrungsmittel, die stark verarbeitet wurden.

- Essen Sie täglich **70-80 % der Nahrung** in Form von **Obst, Gemüse und Salat.** Die Hälfte davon sollte roh gegessen werden. Je frischer das Obst und Gemüse ist, umso wertvoller ist es auch. Durch lange Lagerzeiten gehen Vitamine verloren.

- **Vermeiden Sie weißes Mehl** und greifen Sie stattdessen zu Vollkornmehl und Vollkornprodukten.

- Seien Sie **sparsam beim Süßen** und verwenden Sie dafür statt Zucker lieber Honig, Rosinen und Trockenobst.

- Nehmen Sie sich **Zeit zum Essen** und kauen Sie jeden Bissen 20-30-mal. **Gutes Kauen** ist wichtig, damit die Enzyme optimal ihre Verdauungsarbeit leisten können.

- Versuchen Sie, **insgesamt mäßig** zu essen.

- Halten Sie zwischen den einzelnen Mahlzeiten **Essenspausen von drei bis vier Stunden** ein.

- **Täglich** sollten Sie **zwei bis drei Liter Flüssigkeit** trinken, dazu eignen sich Mineralwasser und ungesüßte Kräuter- und Früchtetees. Während der Mahlzeiten allerdings sollten Sie nichts trinken. Wenn Sie unmittelbar vor oder während dem Essen trinken, wird der Verdauungsprozeß dadurch behindert und erschwert.

- **Verzichten Sie auf Bohnenkaffee und Schwarztee,** denn diese bilden Säuren, die unseren Organismus extrem belasten.

- **Lassen Sie keine Mahlzeiten ausfallen,** essen Sie zumindest ein Stück Obst oder Gemüse. Damit sind die drei Hauptmahlzeiten gemeint: Frühstück, Mittagessen, Abendessen.

Trennung – aber wie?

Innerhalb einer Mahlzeit sollte man keine eiweißhaltigen und kohlenhydrathaltigen Lebensmittel mischen.

Mögliche Kombinationen:

- Nahrungsmittel aus der Eiweißgruppe und neutrale Lebensmittel.
- Nahrungsmittel aus der Kohlenhydratgruppe und neutrale Lebensmittel.

Eiweißgruppe:

- Eier
- Milch aller Fettstufen
- Käse mit höchstens 55 % Fett i. Tr.
- gekochtes Fleisch
- gekochter Schinken
- gekochte Tomaten
- diverse Wurstsorten
- Fisch und Schalentiere
- Sojaprodukte (Tofu, Sojasoße)
- Wein und Sekt
- Beerenfrüchte (außer Heidelbeeren)
- Obst (außer Bananen, Datteln und Feigen)
- Zitrusfrüchte

Nicht empfohlen:

* fette Wurst
* rohes Eiweiß
* Rhabarber
* Eingemachtes

Kohlenhydratgruppe:

- Getreidesorten (Dinkel, Naturreis)
- Vollkornnudeln ohne Ei
- Vollkornmehl
- Vollkornbrot
- Kartoffeln, Topinambur
- Bananen, Datteln, Feigen
- Honig
- Trockenobst
- ungeschwefelte Rosinen
- Apfel- und Birnendicksaft
- Kartoffelstärke
- Puddingpulver
- Sonnenblumenkerne
- Sesam
- Kürbiskerne
- Bier

Nicht empfohlen:

* Weißmehl
* Weißbrot
* Weißmehlnudeln
* Erdnüsse
* polierter Reis
* Süßigkeiten
* weißer Zucker
* Marmeladen und Eingemachtes

Neutrale Gruppe:

- gesäuerte Milchprodukte
  (Kefir, Buttermilch, Sauermilch, Jogurt)
- Schlagobers und Sauerrahm
- alle Käsesorten mit mindestens 60 % Fett i. Tr.
- Weißkäse (Topfen, Mozzarella, Schafs- und Ziegenkäse, körniger Frischkäse)
- Eidotter
- reife Oliven
- roher und geräucherter Fisch
  (Räucherlachs, Räucherforelle)
- alle Salat- und Gemüsesorten
- Sprossen und Keimlinge
- Heidelbeeren, Avocado
- Mandeln, Nüsse (außer Erdnüsse) und Samen
- Zwiebeln und Knoblauch
- alle Kräuter und Gewürze
- granulierte Gemüsebrühe, Gemüsebrühwürfel
- Kräuter- und Früchtetee
- Getreidekaffee
- Mineralwasser
- Hefe
- Geliermittel (Agar-Agar)
- Brottrunk

Nicht empfohlen:

* *Öle (unraffiniert), Butter, Butterschmalz*
* *rohe, geräucherte und getrocknete Wurstsorten (Salami, roher Schinken)*
* *getrocknete Hülsenfrüchte*
* *fertige Majonäsen*
* *fertige Soßen und Suppen*
* *Kaffee und Kakao*
* *Schwarztee*
* *Eingemachtes*
* *Essigessenz*

Die Mahlzeiten

Dr. Hay empfiehlt, morgens eine Basenmahlzeit (dazu gehören nur Obst, Milch, Salate und Gemüse), mittags die Eiweißmahlzeit und abends die Kohlenhydratmahlzeit einzunehmen.

Natürlich können Sie aber auch schon zum Frühstück zwischen einer Eiweiß-, Kohlenhydrat- oder Obstmahlzeit wählen. Wichtig ist es nur, sich Zeit zum Frühstück zu nehmen und in Ruhe und ausreichend zu essen. Bedenken Sie, daß der Tag meist so verläuft, wie Sie ihn beginnen. Trinken Sie im Lauf des Vormittags ausreichend, damit die Schlacken, die sich über Nacht angesammelt haben, schnell ausgeschieden werden.

Zum Mittagessen haben Sie die Wahl zwischen einer Eiweiß- und einer Kohlenhydratmahlzeit und für das Abendessen gibt es Kohlenhydratgerichte. Mehr als eine Eiweißmahlzeit pro Tag sollte nicht eingenommen werden.

Nicht Vergessen!

Zum Gesundbleiben benötigt jeder Körper ausreichend Gemüse, Salate und Obst, gut die Hälfte davon sollte man als Rohkost essen. Essen Sie daher vor dem Mittag- und Abendessen immer einen Salat. Dadurch werden die Verdauungssäfte angeregt und auch früher ein Sättigungsgefühl erreicht.

Die Nahrungsmittel

Gemüse, Obst und Salat

70-80 % unserer täglichen Nahrung sollten aus Salat, Obst und Gemüse bestehen, und die Hälfte dieser Menge sollte in roher Form gegessen werden.

In den Sommermonaten ist es sehr leicht, erntefrisches Gemüse zu verwenden, schwieriger ist es allerdings in den Wintermonaten. Greifen Sie in dieser Zeit nicht zu Gemüsekonserven, denn sie sind mit Konservierungsstoffen versehen, und diese übersäuern unseren Körper.

Verwenden Sie stattdessen Tiefkühlgemüse ohne Zusätze, denn beim Tiefgefrieren gehen kaum Inhaltsstoffe verloren.

Versuchen Sie, Salate immer möglichst der Jahreszeit entsprechend zu kaufen, und vermeiden Sie dadurch Salate aus dem Treibhaus.

Finger weg auch vom Obst aus der Dose. Gedörrte und getrocknete Früchte hingegen können Sie gut verwenden, das gleiche gilt für tiefgefrorenes Obst.

Bedenken Sie auch, je frischer das Obst und Gemüse ist, umso mehr Nährwerte enthält es und umso wertvoller ist es auch.

Die Ballaststoffe, die in Gemüse, Obst und Salat enthalten sind, sind unverdauliche Bestandteile pflanzlicher Nahrung und unerläßlich für eine gut funktionierende Verdauung.

Ballaststoffreiche Nahrung bindet durch das hohe Quellvermögen bereits im Magen Flüssigkeit und bleibt auch länger im Magen, wodurch das Sättigungsgefühl länger anhält. Im Darm bindet der Speisebrei ebenfalls Flüssigkeit und vergrößert dadurch sein Volumen auf das Drei- bis Fünffache. Dadurch wird wiederum die Darmtätigkeit angeregt, der Nahrungsbrei passiert in kurzer Zeit den Darm und wird dann ausgeschieden.

Getreide und Reis

Die einzelnen Teile eines Getreidekorns enthalten wertvolle Stoffe und deshalb sollten Sie nur Vollkornmehl verwenden. Die Randschichten enthalten Vitamine, Enzyme, Mineralien, Fett, Eiweiß und Ballaststoffe.

Der Keim des Getreidekorns ist sehr fetthaltig und läßt dadurch gemahlenes Getreide leicht ranzig werden. Aber nicht nur Fett, sondern auch Vitamine, Mineralien, Enzyme und Eiweiß sind im Kern enthalten.

Um das gemahlene Mehl haltbar zu machen, entfernt man den Keim und damit das Mehl auch eine schöne weiße Farbe hat, entfernt man die Randschichten. Das Resultat ist das zwar schön weiße, aber minderwertige Mehl.

Vollkornprodukte wie Vollkornnudeln oder Vollkornbrot sind vielleicht für das Auge und für den Gaumen gewöhnungsbedürftig, für unsere Gesundheit aber haben sie einen unschätzbaren Wert.

Auch der polierte, schneeweiße Reis ist für unsere Ernährung völlig wertlos, da ihm essentielle Inhaltsstoffe fehlen. Durch das Entfernen des Silberhäutchens enthält der Reis keine Nährstoffe mehr. Verwenden Sie daher nur Naturreis.

Zucker und Honig

Versuchen Sie, auf den industriell hergestellten Zucker zu verzichten, denn er ist für unsere Ernährung wertlos. Auch der braune Zucker ist nicht gesünder, bei ihm wird lediglich ein einziger Reinigungsprozeß nicht durchgeführt.

Zucker in natürlicher Form, wie er in Obst und Früchten enthalten ist, ist für unseren Organismus sehr wichtig.

Naturbelassener Honig enthält zwar Enzyme und andere wertvolle Stoffe, es ist aber trotzdem nicht empfehlenswert, den isolierten Zucker durch Honig zu ersetzen.

Viel gesünder ist es, die Süßschwelle herabzusetzen. Für diejenigen, denen das nicht gelingt, gibt es eine gute Nachricht: in ganz geringen Mengen darf Honig auch in Kombination mit Lebensmitteln aus der Eiweißgruppe verwendet werden.

Milchprodukte

Milch und Milchprodukte versorgen uns mit Calzium, Vitamin B und Eiweiß.

Vermeiden Sie auch hier stark be- und verarbeitete Nahrungsmittel, wie zum Beispiel Haltbarmilch und Kaffeeobers.

Fruchtjogurt stellen Sie am besten selbst her, indem Sie Früchte Ihrer Wahl in Vollmilchjogurt einrühren. Die Früchte im gekauften Fruchtjogurt enthalten immer Konservierungsstoffe.

Fette

Verwenden Sie in erster Linie hochwertige kaltgepresste Öle.
Diese sind reich an Vitaminen und enthalten die mehrfach ungesättigte Linolsäure. Beim Erhitzen dieser Öle geht die für unseren Körper so wertvolle mehrfach ungesättigte Linolsäure verloren. Olivenöl allerdings enthält die mehrfach ungesättigte Linolsäure nicht.

Verwenden Sie Margarine, dann achten Sie auf die Bezeichnung „ungehärtet", denn dann handelt es sich um ein hochwertiges Fett, das Sie allerdings nicht erhitzen sollten.

Butter enthält im Gegensatz zu den pflanzlichen Fetten Cholesterin und ist das natürlichste tierische Fett.

Am besten verwendet man Butter zum Kuchenbacken und als Streichfett.

Getränke

Kaffee und schwarzer Tee sollten unbedingt gemieden werden, denn sie sind reine Säurebildner.

Kaffee regt außerdem die Nierentätigkeit an, und der Körper scheidet mehr Flüssigkeit aus, als ihm zuvor zugeführt worden ist.

Obst- und Gemüsesäfte sollten nur stark mit Wasser verdünnt getrunken werden.

Alkoholische Getränke sollten nur mit Maß konsumiert werden.

Mineralwasser, Kräuter- und Früchtetees können in großen Mengen getrunken werden, die Tees natürlich ohne Zusatz von Zucker, Honig oder Süßstoff.

Trennkost Rezepte

Jänner–Dezember

1. Jänner

Kaiserschmarren K

1/8 l Mineralwasser
60 g Mehl
4 Eidotter
3 EL Schlagobers
etwas Salz
Vanillezucker
Rosinen
Butter

Mineralwasser mit dem Schlagobers und dem Mehl verrühren, leicht salzen, die Eidotter einrühren, Vanillezucker und Rosinen dazugeben. Butter erhitzen, den Teig eingießen, zudecken und auf kleiner Flamme backen.
Wenden, auch auf der zweiten Seite goldgelb backen, mit zwei Gabeln in kleine Stücke reißen und vor dem Servieren mit wenig Staubzucker bestreuen.

Zwetschkenröster mit Dörrzwetschken K

300 g Dörrzwetschken
1/8 l Wasser
1 Zimtrinde
5 Gewürznelken

Dörrzwetschken mit dem Wasser, der Zimtrinde und den Gewürznelken aufkochen und unter mehrmaligem Umrühren auf kleiner Flamme köcheln lassen. Nach Belieben noch mit Honig süßen.

2. Jänner

Krautrouladen   E

1 Weißkraut
500 g Faschiertes
1 Zwiebel
2 Knoblauchzehen
Öl
Petersilie
Salz, Pfeffer
Majoran
1 Ei
2 El Sojagranulat
8 Speckscheiben
1/4 l Suppe
1/4 l Sauerrahm
Salz
Pfeffer
Öl

Krautkopf in reichlich Wasser kochen, bis sich die Blätter lösen lassen, dann kalt abschrecken. 8 Blätter zur Seite geben, die restlichen Blätter in Streifen schneiden und in eine gefettete Auflaufform geben. Zwiebel fein schneiden, zusammen mit dem zerdrückten Knoblauch in heißem Öl anrösten und zu dem Faschierten geben. Ei, gehackte Petersilie und eingeweichtes Sojagranulat dazugeben, mit Salz, Pfeffer und Majoran würzen und alles gut vermischen.
Krautblätter salzen und pfeffern, Faschiertes in Rollen darauflegen und die Krautblätter einrollen.
Krautrouladen in die Auflaufform schichten, mit den Speckscheiben belegen, mit etwas Suppe aufgießen und im Backrohr ca. 30 Minuten dünsten. Zuletzt den Sauerrahm darübergießen und überbacken.

3. Jänner

Bananenmüsli   K

2 EL Haferflocken
5 EL Wasser
3–4 EL Jogurt
1 EL Honig
1 Banane
1 EL geriebene Nüsse

Wasser und Haferflocken über Nacht stehen lassen.
Am Morgen Jogurt und Honig einrühren, die Banane zerdrücken oder klein schneiden und ebenfalls unterrühren.
Mit den geriebenen Nüssen bestreuen.

Gemüsepuffer   K

4 EL Vollkornmehl
3 Eidotter
150 g Lauch
500 g Kartoffeln
200 g Karotten
1 Zwiebel
Salz
Pfeffer
gemahlener Ingwer
4 EL Öl

Mehl mit Eidottern verrühren, Lauch in feine Ringe schneiden,
Kartoffeln und Karotten fein raffeln, Zwiebel würfelig schneiden und unter die Eimasse rühren, mit Salz, Pfeffer und Ingwer abschmecken.
Öl erhitzen, Teig löffelweise hineingeben und von jeder Seite 3–4 Minuten braten.

4. Jänner

Schafskäse pikant N

500 g Schafskäse
1 roter Paprika
2 Knoblauchzehen
1 Chilischote
1 EL Kapern, 2 Rosmarinzweige, Salbei
1/2 l Olivenöl, kaltgepresst

Käse trockentupfen und in Würfel schneiden. Paprikaschote putzen, waschen und in kleine Vierecke schneiden. Den Knoblauch in feine Scheiben schneiden. Die Chilischote waschen, putzen, in dünne Ringe schneiden. Alles zusammen mit Kapern, Rosmarin und Salbei in ein großes Einweckglas geben und mit Olivenöl auffüllen, bis alle Zutaten bedeckt sind. 3 Tage an einem dunklen Ort durchziehen lassen.

Gemüsesulz E

1/2 kg gekochtes Rindfleisch
1/2 kg gekochtes, buntes Gemüse
1/2 l Suppe
10 Blatt Gelatine
Salz, Pfeffer, etwas Weißweinessig
Balsamico-Essig, etwas Kernöl
Zwiebelringe, frische Petersilie
fein gehackte Paprikaschote

Rindfleisch und Gemüse würfelig schneiden und mit der Suppe aufkochen. Mit Essig und den Gewürzen abschmecken. Die Gelatine in kaltem Wasser einweichen, ausdrücken und die weiche Gelatine in die heiße Rindfleisch-Gemüse-Suppe einrühren. In kleine Formen füllen und erkalten lassen. Wenn die Sülzchen fest sind, stürzen und mit Balsamico-Essig, Kernöl, Zwiebel und Paprikawürfeln anrichten.

5. Jänner

Knoblauchsuppe mit Brotwürfeln K

100 g Knoblauch
1 Zwiebel
Butter
1 l Suppe
Salz
Pfeffer
1/8 l Obers
1/8 l geschlagenes Obers
1 Scheibe Brot
1 Knoblauchzehe
etwas Butter

Geschälten Knoblauch und Zwiebel fein schneiden und in etwas Butter glasig anrösten, mit der Suppe aufgießen und leicht köcheln lassen.
Mit Salz und Pfeffer würzen, zum Schluß das Obers einrühren und mit dem Mixstab aufmixen.
Brot entrinden und in Würfel schneiden. Mit etwas Butter und dem fein geschnittenen Knoblauch in einer Pfanne leicht anrösten.
Die Suppe vor dem Servieren mit einem Obershäubchen versehen und mit den Brotwürfeln bestreuen.

6. Jänner

Salat mit Räucherlachs E

300 g Erbsen (tiefgekühlt)
Salz
1 Kopfsalat
150 g Räucherlachs
3 Tomaten
1/2 Salatgurke
2 Eier
1 Zitrone
3 EL Olivenöl
Essig
Salz
Pfeffer, Dille

Erbsen in kochendes Wasser geben, ca. 6 Minuten kochen und dann abkühlen lassen.
Den Salat waschen und zerpflücken, die Tomaten und die Gurke in Scheiben schneiden, die hart gekochten Eier achteln. Den Räucherlachs in Streifen schneiden, Olivenöl, Essig, Salz und Pfeffer zu einer Marinade verrühren.
Den Kopfsalat auf Tellern anrichten, mit den Salatzutaten belegen und mit der Marinade übergießen.
Mit gehackter Dille bestreuen und mit Zitronenscheiben garnieren.

7. Jänner

Grießauflauf K

200 g Grieß
4 Eidotter
70 g Honig
1 Becher Jogurt
1 Becher Schlagobers
Vanillezucker
Butter

Eidotter mit Honig und Vanillezucker schaumig rühren, löffelweise das Jogurt, Schlagobers und den Grieß dazumischen. In eine ausgefettete Auflaufform geben und bei 180° C ca. 40 Minuten goldgelb backen.

Kartoffelsuppe mit Karotten K

400 g Kartoffeln
300 g Karotten
80 g Zwiebeln
etwas Butter
1 EL Mehl
1 l Wasser
etwas Suppenwürze
Salz
weißer Pfeffer
etwas Schlagobers

Kartoffeln und Karotten schälen, in gleich große Würfel schneiden und zusammen mit den fein geschnittenen Zwiebeln anrösten.
Mit Mehl stauben, kurz weiterrösten, mit dem Wasser aufgießen und leicht köcheln lassen. Mit Salz, Pfeffer und etwas Suppenwürze würzen. Zuletzt noch das Schlagobers einrühren.

8. Jänner

Faschierter Braten E

500 g gemischtes Faschiertes
1 große Zwiebel
2 Knoblauchzehen
1 Ei
Salz
Pfeffer
Majoran
Öl
2 EL Sojagranulat
etwas Sojamehl
2 Karotten
3 Essiggurken
2 hartgekochte Eier

Zwiebel fein schneiden und in Öl anrösten, Knoblauchzehen zerdrücken und dazugeben, alles zusammen zu dem Faschierten geben. Mit den Gewürzen abschmecken, Ei und eingeweichtes Sojagranulat dazugeben und gut durchmischen. Die Karotten und Essiggurken in Streifen schneiden, die Eier achteln. Die Fleischmasse mit etwas Sojamehl auf einem Brett flachdrücken, in der Mitte mit Karotten, Essiggurken und Eiern belegen, von beiden Seiten zusammenschlagen, festdrücken und einen Wecken formen. Diesen in eine Auflaufform mit Öl geben und im Backrohr ca. eine Stunde garen, eventuell noch etwas Gemüsebrühe nachgießen.

9. Jänner

Liptauer N

250 g Topfen
100 g Essiggurken
80 g Zwiebeln
5 g Paprikapulver
200 g Jogurt
Salz, Pfeffer
gehackte Petersilie

Zwiebeln und Essiggurken fein schneiden, mit dem Paprikapulver und den Gewürzen zum Topfen geben und mit dem Jogurt gut verrühren. Mit gehackter Petersilie bestreuen.

Mohnstrudel K

250 g Mehl
250 g Butter
1/8 l Brottrunk
200 g Mohn
50 g Dörrzwetschken
1/8 l Schlagobers
etwas Honig
Vanillezucker
Zimt

Mehl, Butter und Brottrunk zu einem geschmeidigen Mürbteig verarbeiten. Gemahlenen Mohn, gehackte Dörrzwetschken, Schlagobers, Honig, Vanillezucker und Zimt in einem Topf vermischen und einmal aufkochen.
Den Teig ausrollen, die Fülle darauf verteilen, einrollen, auf ein mit Backpapier belegtes Backblech legen und bei 180° C ca. eine Stunde backen.

10. Jänner

Dinkelmüsli K

4 EL Dinkel
Wasser
3 EL Jogurt
100 g Trockenfrüchte
2–3 EL Schlagobers

Dinkel am Vortag mahlen und im Wasser ansetzen. Trockenfrüchte zerkleinern, dazugeben und etwas quellen lassen. Jogurt einrühren und geschlagenes Obers daraufsetzen.

Brathuhn E

1 Brathuhn (ca. 2 kg)
Öl
Salz
Rosmarin

Brathuhn innen und außen gut mit Salz einreiben, etwas Rosmarin hineingeben und mit Öl bestreichen.
In einer Kasserolle Öl erhitzen und das Huhn auf allen Seiten anbraten.
Anschließend im Backrohr fertiggaren und immer wieder mit der Bratflüssigkeit übergießen.

11. Jänner

Fischsuppe mit Gemüse E

150 g Fischfilets nach Wahl
1 l Wasser
1 Zwiebel
1 Stange Lauch
1 Karotte
etwas Butter
1 Lorbeerblatt
3 Pfefferkörner
Salz
5 Safranfäden
1 Tomate
1 kleine Zucchini
frische Dille

Fischfilets gut waschen, trockentupfen und in kleine Stücke schneiden.
Zwiebel, Lauch und Karotte klein schneiden, in etwas Butter anrösten und mit dem Wasser aufgießen. Lorbeerblatt, Pfefferkörner und Salz dazugeben. Die Safranfäden einlegen, ca. 10 Minuten ziehen lassen und dann wieder herausfischen. Zucchini und Tomate würfelig schneiden und zusammen mit den Fischstücken in die Suppe geben. Kurz ziehen lassen und mit gehackter Dille bestreuen.

12. Jänner

Germknödel   K

400 g Mehl
20 g Germ
ca. 1/8 l Mineralwasser
2 EL Schlagobers
40 g Butter
40 g Honig
2 Eidotter
etwas Salz
250 g Powidl
150 g gemahlener Mohn
250 g zerlassene Butter

Germ, etwas lauwarmes Mineralwasser und Schlagobers, Honig und Mehl verrühren und an einem warmen Ort gehen lassen.
Anschließend mit den restlichen Zutaten zu einem festen Germteig verarbeiten und zugedeckt nochmals gehen lassen.
Den Teig auf einer bemehlten Unterlage ausrollen, gleich grosse Stücke ausstechen, in deren Mitte Powidl setzen und Knödel formen.
Die Knödel in siedendes Salzwasser einlegen und ca. 10 Minuten ziehen lassen, dabei den Topfdeckel leicht geöffnet lassen.
Die Knödel mit einem Kochlöffel vorsichtig umdrehen und nochmals ca. 5 Minuten ziehen lassen.
Nach dem Herausheben mit zerlassener Butter übergießen und mit Mohn bestreuen.

13. Jänner

Tafelspitz   E

1 kg Tafelspitz
2 l Wasser
Salz
Pfefferkörner
Lorbeerblatt
Liebstöckelkraut
400 g Wurzelgemüse (Karotten, Sellerie, Petersilwurzel...)
80 g Lauch
1 Zwiebel

Gemüse putzen und waschen, zusammen mit den Gewürzen in das kalte Wasser einlegen und aufkochen lassen.
Den Tafelspitz in das kochende Wasser einlegen und ca. 1 Stunde köcheln lassen.
Wenn der Tafelspitz gar ist, gegen die Faser in Scheiben schneiden.

Apfelkren   E

5 süßliche Äpfel
etwas Zitronensaft
frischer Kren
etwas Essig
Salz

Die Äpfel schälen, fein reiben und mit Zitronensaft vermischen.
Den Kren reißen und zusammen mit dem Essig und dem Salz einrühren.

14. Jänner

**Nockerln
mit Zwiebeln und Speck** K

*500 g Mehl
5 Eidotter
3/16 l Wasser
1 EL Öl
Salz
2 Knoblauchzehen
2 Zwiebeln
150 g Speck
Butter
etwas Suppe
1 Bund Schnittlauch*

Mehl, Eidotter, Wasser, Öl und Salz zu einem festen Teig verarbeiten.
Mit zwei Löffeln Nockerln formen und diese in kochendes Salzwasser einlegen, wenn sie an die Oberfläche kommen, abseihen.
Die Zwiebeln in Ringe schneiden, den Speck würfelig und den Knoblauch fein zerdrücken, alles zusammen in heißer Butter braun anrösten, mit viel Schnittlauch verfeinern und mit etwas Suppe aufgießen. Die Zwiebelbutter über die fertigen Nockerln geben und mit Schnittlauch bestreuen.

15. Jänner

Bananendessert K

*4 Bananen
150 g Schlagobers
1 EL Honig
2 EL Orangenlikör
Mandelblättchen*

Bananen in Scheiben schneiden, das Schlagobers leicht schlagen, den Orangenlikör und den Honig einrühren und über die Bananen gießen.
Die Mandelblättchen in einer Pfanne ganz leicht anrösten, abkühlen lassen und darüberstreuen.

Sauerkraut-Rohkostsalat E

*400 g Sauerkraut
2 Äpfel
4 EL Öl
4 EL gehackte Walnüsse
1 Becher Jogurt
Zitronensaft*

Sauerkraut etwas zerschneiden, Äpfel würfelig schneiden und sofort mit Zitronensaft beträufeln.
Alles in eine Schüssel geben, Öl und Jogurt unterziehen und kalt stellen. Zuletzt mit den gehackten Nüssen bestreuen.

16. JÄNNER

Kümmelkartoffeln   K

400 g speckige Kartoffeln
1 TL Kümmel
Salz
Butter
Kümmel

Kartoffeln schälen, würfelig schneiden und zusammen mit Kümmel und Salz im kochenden Wasser kurz ankochen, dann das Wasser abschütten.
Die vorgekochten Kartoffeln in eine feuerfeste Form geben und mit etwas Butter und Kümmel im Rohr fertig garen.

Sauerkraut mit Speck   N

500 g Sauerkraut
40 g Butter
80 g Bauchspeck
1 kleine Zwiebel
Salz, Majoran
Pfeffer
10 Senfkörner
3 Wacholderbeeren
1 Lorbeerblatt
Wasser
Petersilie

Die fein geschnittene Zwiebel und Speck in Butter anrösten, das Sauerkraut dazugeben und aufgießen. Senf- und Wacholderbeeren sowie das Lorbeerblatt dazugeben. Das Kraut mit Salz, Pfeffer und Majoran abschmecken und aufkochen lassen.
Zuletzt mit gehackter Petersilie bestreuen.

17. JÄNNER

Nudelsalat mit Räucherlachs   K

500 g Nudeln
Salz
300 g Räucherlachs
1 Salatgurke
200 g Sauerrahm
1 EL Senf
1/8 l Brottrunk
Pfeffer
1 Bund Dille
1 Bund Petersilie

Nudeln in Salzwasser bissfest kochen, abgießen und gut abtropfen lassen. Lachs in feine Streifen schneiden, Gurke in dünne Stifte schneiden und alles miteinander vermischen.
Sauerrahm, Senf, Brottrunk und Pfeffer verrühren, mit Salz abschmecken, gehackte Kräuter dazugeben, über den Salat gießen und alles gut durchmischen.

18. Jänner

Omelette mit Champignons   E

3 Eier
Salz
Pfeffer
etwas Milch
100 g Champignons
Öl
Schnittlauch

Eier gut versprudeln, mit Salz und Pfeffer würzen und die Milch dazugeben. Die blättrig geschnittenen Champignons in einer Pfanne mit Öl leicht braun anbraten, das versprudelte Ei dazugeben, noch einmal umrühren und zusammenschlagen, zugedeckt fertig ausbacken, dann mit viel Schnittlauch bestreuen.

Pikanter Salat   E

1 rote Paprikaschote
1 grüne Paprikaschote
1 Salatgurke
2 EL Weinessig
Salz
Pfeffer
1 TL Sojasoße
3 EL Öl
100 g Danablu
Petersilie

Paprikaschoten kurz in kochendes Wasser tauchen, halbieren, entkernen und in feine Streifen schneiden. Gurke in feine Scheiben schneiden. Essig, Gewürze und Öl miteinander verrühren, über die Salatzutaten geben und vermischen. Danablu-Käse würfelig schneiden, zum Salat geben und mit gehackter Petersilie bestreuen.

19. Jänner

Rindsrouladen   E

4 Rindsschnitzel
100 g Karotten
100 g gelbe Rüben
100 g Speck
100 g Essiggurken
150 g Zwiebeln
Kapern
Öl
1/8 l Schlagobers
Suppe
Salz, Pfeffer
Senf

Rindsschnitzel leicht klopfen, an den Rändern einschneiden, salzen, pfeffern und mit Senf einstreichen. Wurzelgemüse, Speck und Essiggurken in Streifen schneiden, Rindsschnitzel damit belegen, einrollen und mit Zahnstochern fixieren. In heißem Öl auf allen Seiten braun anbraten, aus der Pfanne nehmen und die nudelig geschnittenen Zwiebeln anrösten. Mit Suppe aufgießen, Rouladen und gehackte Kapern einlegen, zudecken und dünsten. Rouladen aus dem Sud heben, Schlagobers einrühren, aufkochen lassen, nochmals abschmecken und wieder einlegen.

20. Jänner

Eiernockerln   K

400 g Teigwaren nach Wahl
Salzwasser
70 g Butter
5 Eidotter
Petersilie

Teigwaren in Salzwasser kochen, abseihen und abtropfen lassen. Butter in einer Pfanne zerlassen, Nockerln hineingeben, unter oftmaligem Umrühren erhitzen und salzen. Die Eidotter verquirlen, über die Nockerln gießen und anziehen lassen. Mit gehackter Petersilie bestreuen.

Reisauflauf   K

1/4 l Wasser
1/8 l Schlagobers
120 g Reis
50 g Butter
70 g Honig
5 Eidotter
Rosinen
etwas Salz
Vanillezucker

Wasser mit Schlagobers, Vanillezucker und Salz vermischen, aufkochen lassen, Reis dazugeben, dünsten und anschließend kalt stellen. Butter, Eidotter und Honig schaumig rühren und zusammen mit den Rosinen unter den kalten Reis mengen. Masse in eine gefettete Auflaufform geben, glattstreichen und im Backrohr bei 180° C ca. 40 Minuten backen.

21. Jänner

Steirisches Wurzelfleisch   E

1 kg Schweinefleisch
200 g Karotten
100 g gelbe Rüben
150 g Sellerieknolle
150 g Zwiebeln
Salz, Pfeffer
3 Knoblauchzehen
1/2 l Wasser
1 Lorbeerblatt
etwas Essig
frischer Kren
Petersilie

Das Fleisch in grobe Würfel schneiden, Wurzelwerk in grobe Streifen, Zwiebeln in Ringe schneiden. Fleisch mit den Gewürzen, Essig und Wasser in einem Topf zustellen und ca. eine Stunde auf kleiner Flamme köcheln lassen. Zuletzt das Wurzelwerk und die Zwiebeln dazugeben und alles gemeinsam weichkochen. Mit etwas Suppe servieren, mit frisch gerissenem Kren und gehackter Petersilie bestreuen.

22. Jänner

Brot mit Obatztem K

4 EL Butter
150 g Camembert (60 % Fett i.Tr.)
1 Zwiebel
1 TL gemahlener Kümmel
Paprikapulver
Vollkornbrot

Camembert mit einer Gabel zerdrücken und mit der zimmerwarmen Butter cremig rühren. Die Zwiebel fein hacken und zusammen mit dem Kümmel unter die Camembertcreme mischen. Auf ein Brot streichen, mit ganz fein geschnittenen Zwiebelringen belegen und mit Paprikapulver bestäuben.

23. Jänner

Rindfleischsalat E

600 g gekochtes Rindfleisch
100 g gekochte Karotten
80 g gekochter Sellerie
80 g Zwiebeln
60 g Lauch
Balsamicoessig
etwas Wasser
Salz
Pfeffer
Kernöl
Schnittlauch

Gekochtes Rindfleisch, Karotten und Sellerie in dünne Scheiben schneiden. Zwiebeln und Lauch fein schneiden, Essig Wasser, Salz und Pfeffer verrühren und alles miteinander vermischen. Mit dem Kernöl beträufeln, mit Zwiebelringen und mit Schnittlauch bestreuen.

Kartoffelknödel K

700 g Kartoffeln
50 g Mehl
1 TL Salz
50 g Stärkemehl
2 Eidotter

Die Kartoffeln in der Schale kochen, schälen, passieren und mit den übrigen Zutaten gut vermengen. Knödel mit ca. 3 cm Durchmesser formen und ca. 10 Minuten in Salzwasser kochen. Wenn die Knödel an die Oberfläche kommen, sind sie fertig.

24. Jänner

Weißkraut N

300 g Weißkraut
Salzwasser
etwas Butter
Salz
Pfeffer
Kümmel
frische Kräuter

Das Kraut nudelig schneiden und in Salzwasser kurz aufkochen, abseihen, in einem Sieb gut abtropfen lassen und in einer Pfanne mit Butter schwenken. Mit Salz, Pfeffer und Kümmel würzen und mit frischen Kräutern bestreuen.

25. Jänner

Kartoffellaibchen K

500 g Kartoffeln
200 g Mehl
2 Eidotter
3 EL Frischkäse mit Kräutern
Salz, Muskatnuss
Petersilie

Kartoffeln in der Schale kochen, schälen und noch warm durch die Presse drücken. Salzen, mit Muskatnuss würzen und mit Mehl, Eidottern und Frischkäse zu einem festen Teig verarbeiten. Frisch gehackte Petersilie untermengen, Laibchen formen, diese auf ein mit Backpapier belegtes Blech setzen und bei 200° C ca. 15 Minuten backen.

Gurkensoße mit Dille N

200 g Sauerrahm
200 g Jogurt
100 g Topfen
400 g Salatgurke
Salz
Pfeffer
1 Bund Dille

Sauerrahm, Jogurt und Topfen glattrühren und die fein gewürfelte Salatgurke dazugeben. Mit Salz, Pfeffer und gehackter Dille abschmecken.

26. Jänner

Kresseschaumsuppe   K

2 Tassen frische Kresse
60 g Zwiebeln
etwas Butter
2 EL Mehl
1/2 l Gemüsebrühe
1/4 l Schlagobers
Salz
weißer Pfeffer

Die Zwiebeln fein schneiden und in Butter anrösten. Mit dem Mehl stauben und kurz weiterrösten.
Mit der Gemüsebrühe und dem Schlagobers aufgießen und aufkochen lassen. Die Kresse am besten mit einer Schere abschneiden und in die Suppe geben, mit Salz und Pfeffer abschmecken.
Mit dem Mixstab aufschäumen.

Karottensalat gekocht   E

600 g Karotten
ca. 1/8 l Kräuteressig
6 EL Salatöl
Petersilie
Salz
weißer Pfeffer

Karotten in leicht gesalzenem Wasser nicht zu weich kochen, mit kaltem Wasser kurz übergießen und würfelig schneiden. Mit der Salatmarinade übergießen, ziehen lassen und mit der frisch gehackten Petersilie bestreuen.

27. Jänner

Kartoffeln mit Schafskäsekruste   K

400 g Kartoffeln
4 EL Olivenöl
Salz
50 g Mandeln
100 g Schafskäse
1 Eidotter
2 Knoblauchzehen
1 Bund Basilikum
Salz
Pfeffer
50 g Mandelblätter

Kartoffeln schälen und der Länge nach in Scheiben schneiden. Eine Auflaufform mit Öl ausstreichen und die Kartoffelscheiben hineinlegen. Restliches Öl auf die Kartoffeln träufeln, mit Salz würzen, im vorgeheizten Backrohr bei 200° C ca. 20 Minuten garen.
Mandeln und Schafskäse fein hacken, mit Eidotter, Öl, gehacktem Knoblauch und Basilikum verrühren, mit Salz und Pfeffer abschmecken und auf die Kartoffeln geben.
Mandelblätter darüberstreuen und nochmals 20 Minuten überbacken.

28. Jänner

Reissuppe K

1 l Gemüsebrühe
150 g Reis
1 Stange Lauch
1 Karotte
150 g Champignons
Salz, Pfeffer, Muskatnuss

Die Gemüsebrühe in einem großen Topf aufkochen lassen, den Reis einstreuen und zugedeckt bei mittlerer Hitze 10 Minuten garen. Den Lauch in feine Ringe schneiden, die Karotte grob raspeln, die Champignons blättrig schneiden, alles in die Suppe geben und 10 Minuten köcheln lassen, mit Salz, Pfeffer und Muskatnuss abschmecken.

Karotten in Senfobers E

75 g Karotten
125 g Schlagobers
100 ml Milch
Salz
2 Eidotter
3 TL Senf
Basilikum
Salz
Pfeffer

Karotten in Stifte schneiden, Schlagobers mit Milch verrühren und mit Salz würzen. Karotten einlegen, aufkochen, 10 Minuten ziehen lassen und herausnehmen. Eidotter und Senf verrühren und in die Oberssoße einrühren. Karotten wieder in die Soße einlegen, mit gehacktem Basilikum, Salz und Pfeffer abschmecken.

29. Jänner

Forelle blau E

4 Forellen
ca. 1,5 l Wasser
4 EL Weinessig
Kräutersalz
1 Zwiebel
80 g Karotten
80 g Sellerie
1 Lorbeerblatt
5 Pfefferkörner
kleines Stück Lauch
etwas zerlassene Butter
1 Knoblauchzehe
frische Dille

Zwiebel in Ringe, Lauch in Streifen und das restliche Gemüse ebenfalls in Streifen schneiden. Zwiebelringe, Gemüse und Lauch zusammen mit dem Essig, dem Wasser und den Gewürzen aufkochen, die ausgenommenen und gut gewaschenen Forellen einlegen und 10 Minuten ziehen lassen.
Die Forelle mit den Gemüsestreifen und etwas zerlassener Butter mit etwas Knoblauch anrichten, mit gehackter Dille bestreuen.

30. Jänner

Champignonsalat E

750 g frische Champignons
Saft von 1 Zitrone
1 grüne Paprikaschote
Salz
1 Zwiebel
125 g Schlagobers
Weinessig
1 Prise Ingwerpulver
Schnittlauch
2 Tomaten
2 Eier

Die Champignons putzen, blättrig schneiden und mit Salz und Zitronensaft mindestens 30 Minuten marinieren. Dann mit der fein gewürfelten Paprikaschote und der fein gehackten Zwiebel vermischen. Schlagobers, Essig, Ingwerpulver und Schnittlauch vermischen und über den Salat gießen.
Die Tomaten und die hartgekochten Eier in Scheiben schneiden und den Salat damit garnieren.

31. Jänner

Rahmsuppe E

1 l Milch
1/8 l Schlagobers
100 g Gorgonzola
Salz
Pfeffer
Muskatnuss
Suppenwürze
Petersilie

Milch mit Gorgonzola aufkochen und glattrühren. Mit Salz, Pfeffer, Muskatnuss und Suppenwürze abschmecken. Mit dem Pürierstab aufschäumen und das Schlagobers einrühren. Mit gehackter Petersilie und geriebenem Gorgonzola bestreuen.

Paprikahuhn E

4 Hühnerkeulen
Salz, Pfeffer
Majoran
Paprikapulver
2 Knoblauchzehen
6 junge Zwiebeln
100 g Paprikaschoten
1/8 l Weißwein
etwas Wasser

Hühnerkeulen mit Salz, Pfeffer, Majoran und Paprika würzen, in einer Pfanne mit etwas Wasser im Rohr bei 200° ca. 40 Minuten braten. Junge Zwiebeln schälen, das grüne Ende entfernen, Knoblauch schälen und schneiden, Paprikaschoten in Stücke schneiden, zu den Hühnerkeulen geben und mitrösten. Immer wieder mit etwas Wasser aufgießen und mit dem Weißwein verfeinern.

FEBRUAR

1. Februar

Buchweizennockerln mit Champignonsoße K

800 g gekochte Kartoffeln
2 Zwiebeln
3 EL Olivenöl
150 g Buchweizenschrot
400 ml Wasser
Salz, Muskatnuss
60 g Butter
2 Eidotter
3 EL Vollkorn-Weizenmehl
250 g Champignons
1 Zwiebel
20 g Butter
ca. 1/4 l Gemüsebrühe
150 g Doppelrahmfrischkäse mit Kräutern
Pfeffer, Petersilie

Die Kartoffeln schälen und durch die Presse drücken. Die Zwiebeln würfelig schneiden und in Olivenöl anrösten, Buchweizen dazugeben und kurz mitrösten. Mit Wasser aufgießen, aufkochen und den Buchweizen ca. 30 Minuten ausquellen lassen. Nach dem Abkühlen mit den Kartoffeln, 20 g Butter, den Eidottern und dem Mehl zu einem festen Teig verkneten. Mit Salz und Muskatnuss abschmecken.
Mit zwei Löffeln Nockerln formen und in siedendes Salzwasser einlegen. Die Nockerln sind dann fertig, wenn sie an die Oberfläche steigen. Abseihen und mit etwas zerlassener Butter beträufeln, warm stellen.
Die Zwiebel würfelig schneiden und in etwas Butter anrösten. Die blättrig geschnittenen Champignons dazugeben und mitrösten, dann mit der Gemüsebrühe aufgießen und aufkochen. Den Frischkäse einrühren und mit Pfeffer abschmecken, mit gehackter Petersilie bestreuen.

2. Februar

**Spagetti
mit Olivenöl und Knoblauch** K

*500 g Spagetti
Salzwasser
80 g Olivenöl
5 Knoblauchzehen
1 EL Kerne von scharfen Pfefferoni
Salz*

Spagetti in Salzwasser kochen, abseihen und abtropfen lassen. In einer Pfanne das Olivenöl nicht zu heiß erhitzen, fein geschnittenen Knoblauch, fein gehackte Pfefferonikerne und Spagetti dazugeben, gut durchmischen, eventuell noch salzen, dann gleich servieren.

Karotten-Sauerkraut-Salat K

*1 Karotte
200 g Sauerkraut
2 EL Öl
2 TL Honig
1/8 l Brottrunk
Muskatnuss
150 g Sauerrahm
etwas Pfeffer, Salz*

Karotte grob raffeln, mit dem Sauerkraut vermischen und in einer Marinade aus Brottrunk, Öl, Honig und Muskatnuss wenden.
Sauerrahm mit Pfeffer und Salz verrühren und einen Löffel auf jeweils jeden Salatteller setzen.

3. Februar

Fischsuppe E

*500 g Dorsch
Zitronensaft
1 l Wasser
1 Stange Lauch
1 Zwiebel
1 Karotte
40 g Butter
1 Lorbeerblatt
Salz, Pfeffer
1/8 l Schlagobers
2 EL Weißwein
1 Bund Dille*

Den Fisch säubern, salzen, mit Zitronensaft beträufeln und in kochendem Salzwasser ziehen lassen, bis er gar ist.
Lauch, Karotte und Zwiebel in feine Streifen schneiden, in der zerlassenen Butter dünsten und mit dem Fischsud aufgießen. Das Lorbeerblatt dazugeben und so lange köcheln lassen, bis das Gemüse bissfest ist.
Den Fisch von Haut und Gräten befreien, zerkleinern und in die Suppe einlegen. Mit Salz, Pfeffer, Schlagobers, Weißwein und gehackter Dille verfeinern.

4. Februar

Gurkensalat E

600 g Salatgurke
Salz
Pfeffer
frische Dille
1/8 l Essig
4–6 EL Salatöl
2 Knoblauchzehen

Gurken schälen, der Länge nach halbieren, entkernen, blättrig schneiden und mit Salz und Pfeffer würzen. Essig mit Salatöl und Knoblauch vermischen und die Gurken damit marinieren. Mit frisch gehackter Dille bestreuen.

Zwiebelomelette E

500 g Zwiebeln
6 EL Olivenöl
Salz
1 TL Oregano
6 Eier

Die Zwiebeln in dünne Ringe schneiden, in etwas Olivenöl 5 Minuten dünsten, mit Salz und Oregano würzen, in eine Schüssel geben und abkühlen lassen. Eier gründlich verquirlen und unter die abgekühlten Zwiebeln mischen.
Das restliche Öl in der Pfanne stark erhitzen und die Zwiebel-Eiermischung hineingießen. Auf kleiner Flamme auf beiden Seiten goldbraun backen.

5. Februar

Zwetschkenknödel mit Dörrzwetschken K

250 g Topfen
80 g Mehl
60 g Butter
2 Eidotter
1 EL Grieß
etwas Salz
ca. 10 Dörrzwetschken
etwas Brösel
etwas Butter
Zimt

Dörrzwetschken in Wasser einweichen, damit sie weich werden. Butter und Eidotter leicht salzen und schaumig rühren. Restliche Zutaten einrühren und an einem kühlen Ort rasten lassen. Den Teig zu einer Rolle formen, diese in Scheiben schneiden, jeweils in die Mitte eine Dörrzwetschke setzen, mit Teig einschlagen und zu einer Knödel formen. In leicht kochendes Salzwasser einlegen und ca. 15 Minuten ziehen lassen. In Bröselbutter wälzen und mit Zimt bestreuen.

6. Februar

Karottensuppe   K

500 g Karotten
1 Zwiebel
Butter
2 EL Mehl
1 l Wasser
Salz
Pfeffer
etwas Honig
etwas Suppenwürze
1/8 l geschlagenes Obers

Karotten putzen, in Scheiben schneiden und mit der fein geschnittenen Zwiebel anrösten. Mit dem Mehl stauben und mit dem Wasser aufgießen. Aufkochen, bis die Karotten weich sind. Mit Salz, Pfeffer, Honig und Suppenwürze würzen.
Vor dem Servieren mit einem Obershäubchen versehen.

Aufstrich mit geräucherten Fischen N

100 g Butter
250 g geräucherte Fische
10 g frischer geriebener Kren
Petersilie

Einen kleinen Teil der geräucherten Fische würfelig schneiden, den Rest fein faschieren und in die aufgeschlagene Butter einrühren.
Den frisch geriebenen Kren unterrühren und mit den in Würfel geschnittenen Fischen und der gehackten Petersilie bestreuen.

7. Februar

Rindsragout mit Wurzelgemüse   E

4 Rindsschnitzel
Salz, Pfeffer
2 Knoblauchzehen
1 Sellerieknolle
500 g Karotten
250 g Zwiebeln
etwas Öl
1/4 l Rotwein
1 EL Senf
etwas Gemüsebrühe
Schnittlauch

Die Rindsschnitzel in kleine Stücke schneiden und mit Pfeffer und zerdrücktem Knoblauch würzen. Sellerie und Karotten schälen und in Streifen schneiden, Zwiebeln schälen und vierteln.
Fleisch in einer Pfanne mit heißem Öl scharf anbraten, salzen, dann Sellerie, Zwiebeln und Karotten dazugeben und mitbraten. Mit Rotwein und etwas Gemüsebrühe aufgießen, Senf einrühren und bei mittlerer Hitze eine Stunde schmoren. Nochmals mit Salz und Pfeffer abschmecken und mit Schnittlauch bestreuen.

8. Februar

Gulaschsuppe mit Putenfleisch E

2 TL Öl
500 g Zwiebeln
2 grüne Paprikaschoten
2 EL Paprikapulver
1/4 TL Kümmel
Salz
Pfeffer
2 l Suppe
500 g Putenschnitzel

Zwiebeln im Öl braun braten, die Suppe zu den Zwiebeln geben, würfelig geschnittenen Paprika, Paprikapulver, Kümmel zufügen, mit Salz und Pfeffer würzen und aufkochen. Ca. 20 Minuten köcheln lassen, dann das Putenfleisch in Streifen schneiden, in die Suppe einlegen und garziehen lassen.

Selleriesalat mit Orangen E

1 kleine Sellerieknolle
3 Orangen
1 Avocado
125 g Schlagobers
4 EL Orangensaft
1 EL Zitronensaft
Salz
Pfeffer

Sellerieknolle fein raspeln, Orangen filetieren, Avocado in kleine Würfel schneiden. Schlagobers mit Orangen- und Zitronensaft, Salz und Pfeffer verrühren, über die Salatzutaten gießen, mischen und abschmecken.

9. Februar

Faschierte Laibchen E

500 g gemischtes Faschiertes
3 EL Sojagranulat
1 Zwiebel
2 Knoblauchzehen
1 Ei
Salz
Pfeffer
Majoran
Petersilie
Öl

Sojagranulat in etwas Wasser einweichen. Zwiebel fein schneiden und mit dem Knoblauch in heißem Öl anrösten, anschließend zum Faschierten dazugeben. Mit Sojagranulat, Ei, Salz, Pfeffer, Majoran und frisch gehackter Petersilie vermischen, Laibchen formen, auf ein Backblech setzen und garen.

10. Februar

Gefüllte Kartoffeln　　　　　　　　　K

8 Kartoffeln
1 TL Kümmel
200 g Sauerrahm
2 rote Paprikaschoten
250 g Mozzarella
2 Eidotter
40 g Semmelbrösel
Petersilie
Kerbel
Estragon
Basilikum
etwas Butter
Salz
Pfeffer

Kartoffeln in Salzwasser mit etwas Kümmel bissfest kochen, dann abkühlen lassen. Einen "Deckel" abschneiden und die Kartoffeln mit einem Kaffeelöffel aushöhlen, sodass ein etwa 1 Zentimeter breiter Rand bleibt. Sauerrahm mit würfelig geschnittenen Paprika und Mozzarella vermischen. Die Eidotter und die Semmelbrösel dazugeben, mit Salz und Pfeffer würzen und die gehackten Kräuter unterrühren.
Die Kartoffeln füllen, in eine bebutterte Auflaufform setzen und im vorgeheizten Backrohr bei 180° C etwa 15 Minuten überbacken.

11. Februar

Kalbsschnitzel natur　　　　　　　　E

4 Kalbsschnitzel
Salz
70 g Butter
etwas Zitronensaft
1/8 l Wasser

Kalbsschnitzel klopfen, salzen und an den Rändern mehrmals einschneiden. In einer Pfanne mit heißer Butter auf beiden Seiten gut anbraten, Schnitzel auslegen, mit Wasser und Zitronensaft aufgießen, die Kalbsschnitzel wieder einlegen und ziehen lassen, bis sie gar sind.

Buntes Knoblauchgemüse　　　　　　N

100 g Karotten
100 g Sellerie
1 Zwiebel
3 Knoblauchzehen
Salz
Pfeffer
Butter
frische Petersilie
etwas Gemüsebrühe

Karotten, Sellerie und Zwiebel würfelig schneiden und in etwas Butter anrösten. Mit Salz, Pfeffer und Knoblauch würzen. Das Gemüse unter ständigem Rühren so lange rösten, bis es bissfest ist, dabei immer wieder mit Gemüsebrühe aufgießen. Zuletzt mit gehackter Petersilie bestreuen.

12. Februar

Topfenaufstrich süß   K

150 g Magertopfen
1 TL Weizenkeimöl
1 EL Honig
2 EL Schlagobers
1 Prise Zimt

Topfen mit dem Schlagobers und dem Weizenkeimöl verrühren, Honig dazugeben und mit einer Prise Zimt verfeinern.

Gemüseeintopf mit Speck   K

1 kg Lauch
2 Karotten
1/4 Sellerieknolle
1 Zwiebel
750 g Kartoffeln
150 g Speck
1 EL Öl
1 l Suppe
Salz
Pfeffer
1 EL Petersilie

Lauch in etwa 2 cm breite Streifen schneiden, Karotten in Scheiben schneiden, Sellerie in Würfel schneiden.
Zwiebel und Kartoffeln würfeln.
Speck würfeln, in Öl ausbraten, Karotten, Sellerie- und Zwiebelwürfel darin andünsten. Kartoffelwürfel hinzufügen, mit Suppe aufgießen, aufkochen und etwa 10 Minuten kochen lassen.
Lauchstreifen hinzufügen, mit Salz und Pfeffer würzen und ca. 7 Minuten kochen lassen. Den Eintopf mit Salz und Pfeffer abschmecken und mit gehackter Petersilie bestreuen.

13. Februar

Nussstrudel   K

250 g Mehl
100 g Butter
2 Eidotter
80 g Honig
etwas Salz
1 EL Sauerrahm
250 g geriebene Walnüsse
1/4 l Schlagobers
etwas Honig
1 Prise Zimt

Aus Mehl, Butter, Eidottern, Honig, Salz und Sauerrahm einen geschmeidigen Mürbteig bereiten und im Kühlschrank mindestens eine Stunde rasten lassen.
Für die Fülle alle Zutaten in einem Topf vermischen, aufkochen und dann abkühlen lassen.
Den Teig in zwei Teile teilen, jeweils ausrollen, mit der Fülle bestreichen, einrollen und auf ein mit Backpapier belegtes Backblech legen.
Bei 180° C etwa 70 Minuten backen.

14. Februar

Lammkoteletts E

8 Lammkoteletts
Salz
Pfeffer
Rosmarin
Thymian
6 Knoblauchzehen
Olivenöl

Lammkoteletts mit Salz, Pfeffer, Rosmarin, Knoblauch und Thyminan gut würzen und in Olivenöl einlegen.
Erst vor dem Servieren in einer Pfanne mit heißem Öl braten. Lamm sollte innen noch rosa sein.

Wurzelgemüsesalat E

200 g Petersilwurzel
200 g Karotten
200 g Sellerieknolle
1 TL Schnittlauch
1 TL Rotweinessig
2 EL Pflanzenöl
Salz
Pfeffer

Das Wurzelgemüse würfelig schneiden, ca. 5 Minuten in Salzwasser blanchieren, abtropfen lassen und mit Essig, Öl, Salz und Pfeffer marinieren. Mit Schnittlauch bestreuen.

15. Februar

Topfenknödel K

80 g Butter
250 g Topfen
3 Eidotter
Salz
90 g Grieß
etwas Schlagobers
70 g Butter
70 g Brösel
Zimt

Butter und Dotter schaumig rühren, Topfen, Salz, Schlagobers und Grieß einrühren und eine Stunde rasten lassen. Knödel formen, in leicht wallendes Salzwasser einlegen, in Bröselbutter wälzen und mit Zimt bestreuen.

16. Februar

Lachsbutter　　　　　　　　　　　　N

80 g Butter
200 g Räucherlachs
10 g frischer Kren
frische Kresse

Einen kleinen Teil vom Lachs würfelig schneiden. Den restlichen Lachs faschieren und in die aufgeschlagene Butter einrühren. Etwas frisch gerissenen Kren einrühren und mit Kresse und den Lachswürfeln bestreuen.

Schweinsschnitzel
mit Avocadopüree　　　　　　　　E

2 Avocados
Zitronensaft
Salz
Pfeffer
100 g Creme fraiche
1 EL Senf
4 Schweinsschnitzel
40 g Butter
2 rote Paprikaschoten

Avocados schälen und das Fruchtfleisch mit Zitronensaft, Gewürzen, Creme fraiche und Senf pürieren.
Schnitzel im heißen Fett ca. 8 Minuten braten und mit Salz und Pfeffer würzen. Die in Streifen geschnittenen Paprikaschoten in den letzten 3 Minuten mitbraten, mit dem lauwarm erhitzten Avocadopüree anrichten.

17. Februar

Käsesalat　　　　　　　　　　　　E

100 g weiße Bohnen
100 g rote Kidney-Bohnen
1 grüne Paprikaschote
150 g Salami
150 g Gouda
12 schwarze Oliven
Bohnenkraut
Salz
Pfeffer
4 EL Rotweinessig
3 EL Olivenöl
2 EL Sonnenblumenöl

Bohnen in Wasser einweichen und weichkochen.
Paprikaschote in feine Streifen schneiden, Salami und Käse stiftelig schneiden und alle Zutaten vermischen, mit Salz und Pfeffer abschmecken.
Essig, gehacktes Bohnenkraut und Öle miteinander vermischen, über den Salat gießen, gut vermengen und ca. 30 Minuten ziehen lassen, zuletzt die Oliven darüberstreuen.

18. Februar

Beiried mit Kräuterbutter E

4 Beiriedschnitten
Salz, Pfeffer
etwas Senf
etwas Öl
2 Knoblauchzehen
frischer Schnittlauch, Petersilie, Majoran und Dille
etwas Butter

Die Beiriedschnitten salzen, pfeffern und mit ganz wenig Senf einstreichen, in heißem Öl rasch auf beiden Seiten anbraten. Herausnehmen, in Alufolie einschlagen und zur Seite stellen.
Das Öl abschütten. Ein paar Butterflocken in die Pfanne geben und den fein geschnittenen Knoblauch und die Kräuter anrösten, anschließend über das Beiried gießen.

Gemüseaufstrich N

50 g Karotten
50 g Zucchini
1 EL Schlagobers
120 g Topfen
1 EL Pflanzenöl
Kräutersalz
Petersilie
Dille

Karotten und Zucchini fein reiben, mit Topfen, Schlagobers und Pflanzenöl gut vermischen, salzen und mit gehackter Petersilie und Dille verfeinern.

19. Februar

Curryreis K

150 g Naturreis
2 Tassen Wasser
Salz
1 EL Rosinen
1 Lorbeerblatt
1 Zwiebel
1 Karotte
20 g Butter
1/8 l Gemüsebrühe
60 g Mandeln
Currypulver
1/4 TL Ingwer
1 Zimtstange
3 Gewürznelken

Reis mit den Rosinen und dem Lorbeerblatt kochen, Zwiebel und Karotte würfelig schneiden und in heißer Butter anrösten. Mit der Gemüsebrühe aufgießen, die Gewürze hinzufügen und kurz ziehen lassen. Den Reis einrühren und mit den Mandeln bestreuen.

20. Februar

Kartoffelsuppe mit Gurke K

1 Salatgurke
3 - 4 Kartoffeln
Butter
2 EL Mehl
Salz
Pfeffer
Dille
1 l Wasser
1/8 l Sauerrahm

Kartoffeln schälen, Gurke schälen, entkernen und würfelig schneiden. In etwas Butter leicht anrösten und das Mehl dazugeben. Weiterrösten, bis das Mehl eine leichte Farbe bekommt. Mit dem Wasser aufgießen, aufkochen lassen und mit Salz, Pfeffer und gehackter Dille würzen.
Vor dem Servieren mit dem Sauerrahm verfeinern und noch mit etwas Dille garnieren.

Frischkäsebrot K

250 g Doppelrahmfrischkäse
1 Knoblauchzehe
Basilikum
Kräutersalz
Vollkornbrot nach Wahl

Knoblauchzehe zerdrücken und mit dem Frischkäse cremig rühren. Basilikumblätter hacken und zusammen mit dem Kräutersalz unter den Käse rühren. Auf beliebiges Vollkornbrot streichen.

21. Februar

Gemüselaibchen K

200 g gekochte Kartoffeln
200 g gekochtes Gemüse
etwas Butter
1 kleine Zwiebel
2 Eidotter
2 EL Brösel
Kräutersalz
Pfeffer
Majoran
5 EL Sesamkerne
Öl

Kartoffeln schälen und durch die Presse drücken, das Gemüse fein schneiden und dazugeben. Die fein geschnittene Zwiebel in einer Pfanne anrösten, Gemüse und Kartoffeln dazugeben und mitrösten.
Nach dem Erkalten die Eidotter und die Brösel dazugeben, mit Kräutersalz, Pfeffer und Majoran würzen und gut verrühren. Laibchen formen, in Sesam wälzen und kurz rasten lassen.
In einer Pfanne mit nicht zu heißem Öl auf beiden Seiten anbraten und im heißen Rohr bei 180° fertiggaren.

22. Februar

Sauerkrautsuppe   E

150 g frisches Sauerkraut
50 g Zwiebeln
2 Scheiben Kochspeck
etwas Butter
1/16 l Weißwein
1 l Suppe
Salz
1 Lorbeerblatt
4 Wacholderbeeren
ein paar Senfkörner
Majoran
1/8 l Schlagobers

Frisches Sauerkraut waschen und klein schneiden. Zwiebeln und Speck fein schneiden und alles zusammen in Butter anrösten.
Mit Weißwein und Suppe aufgießen, mit dem Salz würzen, restliche Gewürze dazugeben und 30 - 40 Minuten kochen lassen. Anschließend die Suppe pürieren, mit dem Schlagobers verfeinern und noch einmal kurz aufkochen.

23. Februar

Spagetti mit Wurzelgemüse   K

400 g Spagetti
80 g Karotten
80 g Sellerie
80 g gelbe Rüben
1 Stück Lauch
Salz
Pfeffer
frisches Basilikum
80 g Zwiebeln
Butter

Nudeln in Salzwasser kochen, abseihen und gut abtropfen lassen.
Karotten, Sellerie und gelbe Rüben schälen und grob reiben, den Lauch und die Zwiebeln fein schneiden und zusammen mit dem Wurzelgemüse in einer heißen Pfanne mit Butter anrösten.
Die gekochten Nudeln dazugeben und mit Salz, Pfeffer und frischem Basilikum würzen.

Krenaufstrich   N

250 g Topfen
2 EL frisch geriebener Kren
200 g Jogurt
Salz
etwas weißer Pfeffer

Den Kren reiben und mit Topfen und Jogurt gut verrühren, mit Salz und weißem Pfeffer würzen.

24. Februar

Rindsbraten mit Wurzelgemüse E

1 kg Rindfleisch
Salz
Pfeffer
Majoran
Senf
Öl
300 g Wurzelgemüse
100 g Zwiebeln
1/4 l Weißwein
1 l Suppe
1/16 l Schlagobers

Rindfleisch würzen, mit Senf einstreichen, in einer Pfanne rundum anbraten und herausnehmen. Würfelig geschnittenes Wurzelgemüse und fein geschnittene Zwiebeln anrösten und mit dem Weißwein ablöschen. Das Fleisch wieder dazugeben, mit einem Teil der Suppe aufgießen und den Rest immer wieder dazugießen. Nach ca. 1 Stunde Garzeit das Fleisch herausnehmen und das Schlagobers in die Soße einrühren, Fleisch anschließend wieder einlegen und kurz ziehen lassen.

25. Februar

Käseaufstrich N

200 g Topfen
60 g Jogurt
200 g geriebener Käse (60 % Fett i.Tr.)
Salz
Pfeffer
Schnittlauch

Käse reiben oder ganz fein schneiden, mit Topfen und Jogurt verrühren und mit Salz und Pfeffer würzen. Der Aufstrich soll so fest sein, daß man mit dem Löffel Nockerln formen kann. Mit Schnittlauch garnieren.

Knoblauchkartoffeln K

5 Knoblauchzehen
600 g Kartoffeln
Olivenöl
Salz
1 Rosmarinzweig

Kartoffeln schälen, in dicke Scheiben schneiden und zusammen mit dem in Scheiben geschnittenen Knoblauch in eine Auflaufform geben. Salzen, Rosmarinzweig dazugeben, mit Olivenöl beträufeln und im Rohr bei 180° C ca. 60 Minuten garen.

26. Februar

Kartoffelauflauf mit Wirsing K

750 g Wirsing
750 g Kartoffeln
100 g Speck
3 Zwiebeln
3 EL Butter
Salz
Pfeffer
1/4 l Gemüsebrühe
100 g Mozzarella

Wirsing und Speck in Streifen, Kartoffeln in Scheiben schneiden, Zwiebeln würfeln. Butter erhitzen, Zwiebelwürfel darin andünsten, den Speck dazugeben und anbraten. Wirsing und Kartoffeln hinzufügen, mit Salz und Pfeffer würzen, mit der Gemüsebrühe aufgießen und alles zugedeckt im vorgeheizten Backrohr bei 175° C eine Stunde garen. Mit Mozzarella belegen und nochmals kurz überbacken.

Amarettotraum K

3 Eidotter
3 EL Honig
250 g Mascarpone
4 EL Amaretto
150 g Amarettini (Mandelkeks)

Eidotter und Honig cremig schlagen, dann den Mascarpone einrühren und zuletzt den Mandellikör.
Die Creme abwechselnd mit den Amarettini in eine Schüssel geben und bis zum Servieren mindestens 2 Stunden kalt stellen.

27. Februar

Fleischpfanne mit Karotten E

2 EL Öl
400 g Rindsfilet
400 g Schweinsfilet
Salz
Pfeffer
400 g Karotten
250 g Champignons
250 ml Suppe
1 Bund Petersilie

Öl in der Pfanne erhitzen, das in Scheiben geschnittene Fleisch darin scharf anbraten und mit Salz und Pfeffer würzen. Karotten und Champignons blättrig schneiden, um das Fleisch schichten und mit der heißen Suppe aufgießen. Zugedeckt etwa 15 Minuten köcheln lassen und zuletzt mit gehackter Petersilie bestreuen.

28. Februar

Gurkenaufstrich　　　　　　　　　　N

200 g Topfen
200 g Jogurt
400 g Salatgurke
Salz, Pfeffer
1 Bund Dille

Gurken schälen, entkernen, würfelig schneiden und zusammen mit dem Topfen und dem Jogurt gut verrühren. Mit Salz und Pfeffer würzen und mit viel gehackter Dille verfeinern.

Lachssteaks auf Wurzelgemüse　　E

4 Lachssteaks
Zitronensaft
200 g Lauch
200 g Karotten
200 g Sellerieknolle
40 g Butter
Salz
Pfeffer
1/4 l Sekt

Lachs mit Zitronensaft beträufeln, Gemüse in sehr feine Streifen schneiden, Butter erhitzen, Gemüse darin anbraten und 5 Minuten dünsten. Mit Salz und Pfeffer abschmecken und in eine gefettete Auflaufform geben. Lachs salzen, auf das Gemüse legen, Sekt darübergießen und zugedeckt im vorgeheizten Backrohr bei 200° C ca. 20 Minuten garen.

29. Februar

Avocadosalat　　　　　　　　　　E

2 Avocados
1 Eisbergsalat
1 rote Paprikaschote
1 gelbe Paprikaschote
3 EL Weißweinessig
Pfeffer
Salz
3 EL Öl

Den Eisbergsalat in Streifen schneiden, die Avocados schälen und in Scheiben schneiden, die Paprikaschoten würfeln und alles miteinander vermischen.
Essig, Pfeffer, Salz und Öl verrühren und über den Salat gießen.

I. März

Lammbraten E

1 kg Lammkeule
Salz
Pfeffer
1 Lorbeerblatt
5 Knoblauchzehen
Rosmarin
Salbei
200 g Wurzelgemüse (Sellerie, Karotten...)
Öl
1/8 l Weißwein
etwas Suppe
frische Kräuter

Die Lammkeule mit Salz, Pfeffer, Knoblauch, Rosmarin und Salbei gut einreiben, dann in einer Pfanne mit heißem Öl anbraten und das Öl abgießen.
Das geputzte und grob geschnittene Gemüse anrösten, mit Weißwein löschen und mit Suppe aufgießen. Den Lammbraten im Rohr fertiggaren. Immer wieder mit Suppe aufgießen, Lorbeerblatt dazugeben.
Das Fleisch auslegen. Die Soße pürieren und mit viel Knoblauch und frischen Kräutern würzen.

2. März

Lauchsuppe E

100–200 g Lauch
1/2 l Wasser
1/2 l Milch
1/8 l Schlagobers
Salz, Pfeffer
1 Knoblauchzehe
etwas Suppenwürze

Lauch fein schneiden, mit Milch und Wasser aufkochen, bis der Lauch weich ist. Mit Salz, Pfeffer und Knoblauch würzen, eventuell noch etwas Suppenwürze dazugeben, dann pürieren. Das Schlagobers aufschlagen und in die Suppe einrühren oder als Schlagobershäubchen auf die Suppe setzen.

Ananas mit Schlag E

frische Ananas oder
Ananasscheiben aus der Dose
1/8 l Schlagobers
Kirschen zum Garnieren

Die Ananas schälen und den Stamm entfernen, dann in kleine Stücke schneiden. Die Ananasstücke auf einem Teller anrichten und das geschlagene Obers daraufsetzen. Mit einer Kirsche garnieren.

3. März

Seelachsfilet mit Chicoree E

600 g Seelachsfilet
800 g Chicoree
100 g Zwiebeln
1/8 l Schlagobers
Öl
Currypulver
Petersilie
Salz, Pfeffer
3/4 l Wasser
Zitronensaft
Lorbeerblatt
3 Pfefferkörner

Wasser mit Salz, Zitronensaft, Lorbeerblatt und Pfefferkörnern zum Kochen bringen, das Filet einlegen und 8 Minuten im siedenden Wasser ziehen lassen. Die Zwiebeln in Öl anrösten, die in Streifen geschnittenen Chicoreeblätter dazugeben und kurz mitbraten.
Das Filet aus dem Sud nehmen und zerteilen, 1/8 l Sud über das Gemüse gießen und dünsten lassen. Schlagobers mit Curry, Salz und Pfeffer verrühren, zum Gemüse geben und die Filetstücke ebenfalls einlegen. Kurz ziehen lassen und mit Petersilie bestreuen.

4. MÄRZ

Hafermüsli   K

4 EL Hafer
Wasser
1 Banane
etwas Honig
2–3 EL Schlagobers

Hafer am Vortag mahlen und im Wasser ansetzen. Am nächsten Morgen mit dem geschlagenen Obers vermischen und mit etwas Honig süßen. Die Banane klein schneiden, dazugeben und mit einem Häubchen Obers garnieren.

Kerbelsuppe   E

1 Bund frischer Kerbel
60 g Zwiebeln
etwas Butter
1/2 l Gemüsebrühe
1/8 l Weißwein
Salz
weißer Pfeffer
1/8 l Schlagobers

Die Zwiebeln fein schneiden und mit etwas Butter anrösten, mit Gemüsebrühe und Weißwein aufgießen und aufkochen lassen. Den gehackten Kerbel in die Suppe geben und mit Salz und wenig Pfeffer abschmecken.
Mit dem Mixstab aufschäumen, das Schlagobers einrühren und noch einmal aufkochen.

5. MÄRZ

Reis mit Gemüsestreifen   K

100 g Naturreis
200 g Wasser
Salz
200 g Wurzelgemüse (Karotten, Sellerie, gelbe Rüben, Lauch)
Salz, Pfeffer
etwas Rosmarin
80 g Zwiebeln
Butter
3 EL Sauerrahm
Petersilie

Reis kochen, Wurzelgemüse raffeln, Zwiebeln und Lauch fein schneiden und zusammen mit dem Wurzelgemüse in einer heißen Pfanne mit etwas Butter anrösten. Den fertigen Reis dazugeben, mit Salz, Pfeffer und Rosmarin würzen und den Sauerrahm einheben. Mit frisch gehackter Petersilie bestreuen.

6. März

**Wirsingtaschen
mit Hühnerbrüstchen**   E

*100 g Sellerieknolle
8 Wirsingblätter
300 g Hühnerbrüstchen
2 Zwiebeln
1 EL Butter
1/2 Bund Schnittlauch
1/2 Bund Petersilie
2 Eier
1 EL Creme fraiche
Salz, Pfeffer
1/2 Apfel
1 TL Paprikapulver
1 TL Gemüsebrühe
1 Dose geschälte Tomaten*

Wirsingblätter in kochendem Salzwasser blanchieren, eiskalt abschrecken und trockentupfen. Sellerie würfelig schneiden, im Salzwasser garen und dann abgießen. Hühnerbrüstchen in Würfel schneiden, Zwiebeln fein hacken.
In einer Pfanne die Zwiebeln anrösten, das Hühnerfleisch dazugeben und gut anbraten, die Selleriewürfel untermischen, dann auskühlen lassen.
Schnittlauch und Petersilie hacken und mit Eiern und Creme fraiche unter die Hühnermasse mischen, mit Salz und Pfeffer abschmecken.
Dosentomaten in einen großen Topf gießen, zerkleinern, geschälten Apfel hineinreiben, mit Pfeffer, Paprika, Gemüsebrühe und Salz verrühren.
Je zwei Wirsingblätter aufeinanderlegen, die Füllung darauf verteilen, von allen vier Seiten einschlagen und in der Tomatensoße ca. 20 Minuten garen.

7. März

Pikanter Kartoffelsalat   K

*400 g Kartoffeln
Salz
1 TL Kümmel
2 grüne Paprikaschoten
1 EL Öl
50 ml Gemüsebrühe
Pfeffer
1 Bund Schnittlauch
1/2 Bund Radieschen*

Die Kartoffeln in wenig Wasser mit Salz und Kümmel kochen, schälen und in Scheiben schneiden. Die Paprikaschoten grob würfeln, in heißem Öl anschwitzen und mit der Gemüsebrühe aufgießen. Zugedeckt auf kleiner Flamme etwa 10 Minuten garen. Die Paprikawürfel anschließend pürieren und mit Pfeffer und Salz würzen.
Die Radieschen stifteln, mit den Kartoffeln mischen, die Paprikasoße darüberträufeln und mit Schnittlauch bestreuen.

Lauchaufstrich   N

*150 g Topfen
40 g Schnittlauch
80 g Lauch
Salz, Pfeffer
1 Knoblauchzehe
80 g Jogurt*

Den Lauch fein schneiden, in ganz wenig Wasser aufkochen und gut abtropfen lassen. Topfen, gekochten Lauch, Schnittlauch, Jogurt, Knoblauch und die Gewürze gut miteinander verrühren und durchziehen lassen.

8. März

Chinakohl gedämpft K

400 g Chinakohl
3 getrocknete Chilischoten
40 g Öl
1 EL Honig
3-4 EL Brottrunk
Salz
1 EL Wasser

Die Chinakohlblätter waschen, der Länge nach halbieren und in kochendem Salzwasser kurz blanchieren, anschließend kalt abschrecken und in Streifen schneiden. Die Chilischoten kurz in warmem Wasser einweichen, dann entkernen und in feine Streifen schneiden.
Das Öl in einer Pfanne erhitzen, Chili hineingeben und anbraten. Pfanne vom Herd nehmen, Honig, Brottrunk, Salz und Wasser einrühren und über den Chinakohl gießen, ca. 30 Minuten ziehen lassen.

9. März

Kartoffelcremesuppe K

300 g Kartoffeln
1 Zwiebel
Butter
1 l Suppe
Salz, Pfeffer
Majoran
1/8 l Schlagobers

Kartoffeln schälen, in kleine Stücke schneiden und mit der in Ringe geschnittenen Zwiebel in Butter leicht anrösten. Mit der Suppe aufgießen und leicht kochen lassen, bis die Kartoffeln weich sind. Mit Salz, Pfeffer und Majoran würzen.
Obers dazugeben, noch ca. 5 Minuten leicht köcheln lassen und anschließend pürieren.

Avocadodip E

2 Knoblauchzehen
1 Avocado
3 EL Zitronensaft
100 g Creme fraiche
100 g Schlagobers
Pfeffer
Salz
etwas Paprikapulver

Die Avocado halbieren, entkernen und das Fruchtfleisch herauslösen. Mit dem Zitronensaft und der Creme fraiche pürieren, das Schlagobers und den gepressten Knoblauch unterrühren. Mit Salz, Pfeffer und Paprika abschmecken.

10. März

Bauernsalat   K

*100 g Kartoffeln
1 grüner Salat
150 g Speck
1 Zwiebel
etwas Butter
1 Tomate
1 kleine Paprikaschote
Schnittlauch
1/8 l Brottrunk
Salz, Pfeffer
etwas Honig
4 EL Salatöl
1 Knoblauchzehe*

Den Salat waschen und gut abtropfen lassen, die gekochten Kartoffeln noch warm in Scheiben schneiden.
Tomate und Paprika würfelig schneiden und alles zusammen in eine Schüssel geben.
Für die Marinade Brottrunk, Salz, Pfeffer, etwas Honig, Öl und Knoblauch gut miteinander verrühren.
Zwiebel und Speck fein würfeln und anrösten, mit der Marinade aufgießen, kurz aufkochen lassen und dann über den Salat gießen.

11. März

Kalbskoteletts süß-sauer   E

*400–500 g Kalbskoteletts
2 Ananasscheiben
2 Kirschen
Salz
weißer Pfeffer
4 Scheiben Käse
Butter*

Kalbskottelets leicht klopfen, mit Salz und Pfeffer würzen, in einer heißen Pfanne mit Butter rasch auf beiden Seiten anbraten und dann auslegen. Die Koteletts mit Ananasscheiben belegen, in der Mitte die Kirschen einlegen, mit Käsescheiben bedecken und im Backrohr überbacken.

Brot mit Topfen und Kresse   K

*Schwarzbrot oder Vollkornbrot
Topfen
frische Kresse
Salz
weißer Pfeffer*

Das Brot mit Topfen bestreichen, mit Salz und Pfeffer würzen, frisch geschnittene Kresse darüberstreuen.

12. MÄRZ

Kohlrouladen   K

6 helle Kohlblätter
6 dunkle Kohlblätter
400 g Reis
3/4 l Wasser
100 g rote Paprikaschoten
100 g Zucchini
100 g Auberginen
1 Knoblauchzehe
Salz, Salbei
1 EL Sauerrahm

Kohlblätter in Salzwasser leicht kochen. Den Reis kochen, den Paprika und die Zucchini fein schneiden.
Paprika, Zucchini, Auberginen und den Sauerrahm in den fertig gekochten Reis einmengen und mit Salz, Salbei und Knoblauch würzen.
Die Kohlblätter aus dem Wasser nehmen, abtupfen, jeweils ein helles und ein dunkles Kohlblatt übereinander legen, mit dem Gemüsereis füllen und einrollen. Die Rouladen in eine befettete Form einlegen und bei 180° ca. 15 Minuten backen.

13. MÄRZ

Eischaum   K

4 Eidotter
4 EL Honig
3 EL Rum
1/4 l Schlagobers

Die Eidotter und den Honig schaumig rühren und den Rum unter die Masse heben. Das steif geschlagene Schlagobers unterziehen.

Lauchgratin   N

750 g Lauch
25 g Butter
1/8 l Schlagobers
2 Eidotter
Salz
Pfeffer
Muskatnuss

Den Lauch in dünne Scheiben schneiden, in zerlassener Butter kurz andünsten und in eine befettete Auflaufform geben. Schlagobers, Eidotter, Salz, Pfeffer und Muskatnuss gut verrühren, über den Lauch gießen und im Backrohr bei 200° C 20 bis 30 Minuten überbacken.

14. MÄRZ

Gemüsesuppe mit Reis   K

200 g Wurzelgemüse
60 g Lauch
60 g Weißkraut
2 EL Reis
Öl zum Anrösten
1 l Wasser
etwas Salz
1 Knoblauchzehe
Pfeffer
1 TL Tomatenmark
1 EL Sauerrahm

Wurzelgemüse, Lauch und Weißkraut nudelig schneiden.
Alles zusammen mit dem Reis in etwas Öl kurz anrösten, das Tomatenmark dazugeben und mit dem Wasser aufgießen.
Einmal aufkochen lassen, dann nur mehr ziehen lassen.
Mit den Gewürzen abschmecken und vor dem Servieren ein Häufchen Sauerrahm daraufsetzen.

15. MÄRZ

Chicoree gedünstet   N

500 g Chicoree
40 g Butter
1 Knoblauchzehe
150 g Creme fraiche
Salz
schwarzer Pfeffer
1 EL Kapern

Chicoreeblätter ablösen und waschen, abtropfen lassen. In eine Pfanne mit heißer Butter geben, zerdrückten Knoblauch dazugeben, anbraten und kurz dünsten. Creme fraiche einrühren, salzen und vor dem Servieren mit Pfeffer und Kapern bestreuen.

Zwiebeln mit Honig   K

600 g Zwiebeln
40 g Butter
1 EL Honig
125 ml Gemüsebrühe
1 Prise Salz
4 EL Schlagobers
2 EL gehackte Kräuter

Zwiebeln schälen und in ca. 1 cm dicke Scheiben schneiden, die Butter in einer Pfanne erhitzen, den Honig darin auflösen, die Zwiebeln dazugeben und kurz scharf anbraten, dann die Gemüsebrühe dazugießen und das Ganze zugedeckt 20 bis 30 Minuten schmoren lassen. Salzen, das Schlagobers einrühren und die gehackten Kräuter darüberstreuen.

16. März

Gurken-Lauch-Carpaccio   E

2 Stangen Lauch
1/2 Gurke
100 g Sellerieknolle
100 g Karotten
1 Zwiebel
5 Walnusskerne
1/2 Bund Petersilie
2 EL Wein- oder Kräuteressig
1/2 TL Senf
weißer Pfeffer
Salz
3 EL kaltgepresstes Öl

Lauch in hauchdünne Scheiben schneiden, 30 Sekunden blanchieren und dann kalt abschrecken. Gurke schälen und in dünne Scheiben schneiden. Auf einer Platte mit dem Lauch anrichten.
Das Gemüse für die Vinaigrette putzen, waschen und in sehr kleine Würfelchen schneiden. Sellerie und Karotten 30 Sekunden blanchieren, dann mit den würfelig geschnittenen Zwiebeln mischen. WalNusskerne grob hacken und hinzufügen.
Essig mit Senf, Pfeffer, Salz, und Öl verrühren, die Sellerie-Karotten-Mischung hinzufügen, dann die Gemüse-Vinaigrette über die Rohkost ziehen. Mit Petersilie garnieren.

17. März

Topfentascherln   K

150 g Vollkornmehl
100 g Butter
70 g Honig
etwas Salz
2 Eidotter
2 cl Rum
250 g Topfen
100 g Jogurt
7o g Honig
1 EL Vanillepuddingpulver
1 Eidotter

Mehl, Butter, Honig, Salz, Eidotter und Rum zu einem Teig verarbeiten und im Kühlschrank rasten lassen. Für die Fülle alle Zutaten vermengen und gut schaumig rühren. Den Teig ausrollen, in gleich große Quadrate schneiden, etwas Fülle jeweils in die Mitte setzen, den Rand mit Eidotter bestreichen und die Ecken zusammenschlagen, festdrücken. Die Tascherln mit dem restlichen Eidotter bestreichen und bei 180° C ca. 15 Minuten backen.

Brot mit Butter und Schnittlauch   K

Schwarzbrot oder Vollkornbrot
Butter
frischer Schnittlauch
etwas Salz

Das Brot mit Butter bestreichen, mit frisch gehacktem Schnittlauch bestreuen und mit etwas Salz würzen.

18. März

Lachsforellensteak mit Kräuterbutter E

600–800 g Lachsforellenfilet
Salz
weißer Pfeffer
Zitronensaft
Öl
150 g Butter
50 g frische Kräuter
Salz
1 Knoblauchzehe
Pfeffer

Für die Kräuterbutter 100 g Butter schaumig rühren, die restlichen 50 g mit den Kräutern anrösten, mit Salz, Pfeffer und Knoblauch würzen, auskühlen lassen, dann langsam zur aufgeschlagenen Butter geben und durchziehen lassen. In einen Spritzsack füllen, auf eine Alufolie kleine Rosetten aufspritzen und ins Gefrierfach legen. Das Lachsforellenfilet in 4 gleich große Stücke schneiden und mit Salz, Pfeffer und Zitronensaft würzen. In einer heißen Pfanne mit Öl auf beiden Seiten braten und dann 5 Minuten ziehen lassen. Mit der Kräuterbutter anrichten.

19. März

Kartoffeleintopf K

750 g Kartoffeln
1/2 Sellerieknolle
1 Stange Lauch
3 Karotten
1 l Gemüsebrühe
1 Lorbeerblatt
etwas Salz
1 EL Petersilie
1 EL Butter

Kartoffeln, Sellerie und Karotten schälen und würfelig schneiden, den Lauch in Scheiben schneiden. Alles in einen Topf geben, mit der Gemüsebrühe übergießen, Lorbeerblatt und Salz dazugeben und ca. 20 Minuten ziehen lassen. Zum Schluss gehackte Petersilie und Butter einrühren.

Wirsinggemüse E

500–600 g Wirsing
80 g Zwiebeln
100 g Speck
etwas Butter
1/8 l Weißwein
Salz, Pfeffer, Kümmel
frische Petersilie

Die Wirsingblätter vom Strunk befreien und in Quadrate schneiden. Zwiebeln und Speck fein schneiden und zusammen mit dem Wirsing in etwas Butter anrösten. Mit Weißwein aufgießen, kurz dünsten lassen und mit Salz, Pfeffer und Kümmel abschmecken. Mit fein gehackter Petersilie bestreuen.

20. März

Polentanockerln mit Paprika   K

100–150 g Polenta
1/4 l Wasser
Kräutersalz
1 EL Butter
100 g Mais
50 g rote und grüne Paprikaschoten
2 EL Sauerrahm
frische Kräuter
Gemüserohkost

Die Polenta in das gesalzene, kochende Wasser einrühren, etwas Butter dazugeben und aufkochen lassen. Die Paprika in feine Würfel schneiden und zusammen mit den Maiskörnern in die Polenta einrühren. Mit dem Sauerrahm abschmecken und kurz anziehen lassen.
Mit einem kleinen Schöpfer Nockerln auf einen Teller setzen, mit frischen Kräutern und Gemüserohkost garnieren.

Geröstete Salatgurke   N

400 g Salatgurke
etwas Butter
Salz
Knoblauch
Dille
1/8 l Sauerrahm

Gurke schälen, der Länge nach halbieren und entkernen.
In einer Pfanne mit Butter anrösten, mit Salz, Knoblauch und Dille würzen und den Sauerrahm unterrühren.

21. März

Szegediner Gulasch   E

500 g Rindfleisch
etwas Öl
250 g Zwiebeln
250 g Tomaten
520 g Sauerkraut
Salz
Paprikapulver
150 g Sauerrahm
etwas Gemüsebrühe

Fleisch würfelig schneiden, würzen und in heißem Öl anbraten.
Die fein geschnittenen Zwiebeln dazugeben, ebenso die gehäuteten, geviertelten Tomaten, mit etwas Gemüsebrühe aufgießen und kurz köcheln lassen.
Das Sauerkraut dazugeben und alles auf kleiner Flamme ca. 2 Stunden köcheln lassen, dabei immer wieder umrühren.
Zuletzt den Sauerrahm einrühren und nochmals pikant abschmecken.

22. März

Radicchio mit Avocado E

1 Radicchio
1 Avocado
2 EL Weinessig
1 kleine Zwiebel
1 Knoblauchzehe
1 TL Kapern
Salz
Pfeffer
2 EL Olivenöl

Den Radicchio waschen und gut abtropfen lassen, dann in Streifen schneiden. Zwiebel und die Knoblauchzehe fein schneiden, die Kapern hacken und zusammen mit Essig, Salz, Pfeffer und Öl verrühren. Die Avocado halbieren, den Kern entfernen, schälen, in nicht zu dünne Scheiben schneiden und unter den Salat mischen. Mit der Marinade übergießen.

23. März

Palatschinken K

1/8 l Mineralwasser
1/8 l Schlagobers
100 g Vollkornmehl
4 Eidotter
etwas Salz
Öl

Mineralwasser, Schlagobers und Mehl gut verrühren, salzen und die Eidotter einrühren. Den Teig in eine heiße Pfanne mit Öl eingießen und durch Schwenken in der Pfanne verteilen. Wenden, auch auf der zweiten Seite goldbraun backen, warm stellen, oder auch gleich mit beliebiger Fülle servieren.

Salat mit Roquefort E

verschiedene Blattsalate nach Wahl
150 g Roquefort
1 säuerlicher Apfel
Saft von 1 Grapefruit
2 TL Senf
Salz, Pfeffer
8 EL Olivenöl

Blattsalate zerpflücken, in eine große Schüssel geben und den Roquefort fein darüber zerbröckeln. Apfel schälen, entkernen, stiftelig schneiden und über den Salat geben.
Für die Soße Grapefruitsaft, Senf, Salz und Pfeffer verrühren. Olivenöl darunterschlagen, nochmals abschmecken. Soße über den Salat gießen und alles locker vermischen.

24. März

Karottenauflauf mit Kartoffeln K

500 g Karotten
400 g Kartoffeln
120 g Mozzarella
Basilikum
1 Knoblauchzehe
2 Eidotter
350 ml Schlagobers
Salz

Karotten und Kartoffeln blättrig schneiden, Mozzarella fein würfeln, Basilikumblätter in feine Streifen schneiden. Zerdrückte Knoblauchzehe mit Eidotter, Schlagobers und Salz verrühren.
Karotten und Kartoffeln schichtweise in eine ausgefettete Auflaufform geben, jeweils mit Salz, Basilikum und Käse bestreuen und mit der Oberssoße übergießen.
Im Backrohr bei 200° C goldbraun überbacken.

25. März

Gurkenschaumsuppe E

600 g Salatgurke
1 kleine Zwiebel
Butter
1/2 l Milch
1/2 l Wasser
Salz
Pfeffer
Dille
2 Knoblauchzehen
1/8 l Schlagobers

Die Gurken schälen und mit der fein geschnittenen Zwiebel in der Butter leicht anrösten. Mit der Milch und dem Wasser aufgießen und aufkochen lassen, anschließend mit Salz, Pfeffer, Dille und Knoblauch würzen. Die Suppe pürieren und geschlagenes Obers einrühren.

Apfeljogurt E

2 Becher Jogurt
2 Äpfel
etwas Zitronensaft
(ganz wenig Honig)
1/8 l Schlagobers
etwas Zimt

Äpfel raspeln und mit wenig Zitronensaft beträufeln. Mit dem Jogurt und dem Honig verrühren und das steif geschlagene Obers unterziehen. Mit Zimt bestreuen.

26. März

Kräuterforellen auf Gemüse E

4 Forellen
1 Bund Petersilie
250 g Zwiebeln
250 g Champignons
250 g Karotten
2 EL Zitronensaft
Salz
150 g Erbsen (tiefgekühlt)
10 g Butter
1 Suppenwürfel
Pfeffer
1/4 l Wasser

Forellen waschen, trockentupfen, mit Zitronensaft beträufeln und mit Salz würzen. Die Hälfte der gehackten Petersilie in die Bauchhöhle füllen, Forellen in eine befettete Auflaufform geben und im Backrohr ca. 20 Minuten backen.
In Ringe geschnittene Zwiebeln, blättrig geschnittene Champignons, in Scheiben geschnittene Karotten und Erbsen im heißen Fett kurz dünsten, mit Wasser aufgießen, aufkochen und den Suppenwürfel darin auflösen. Würzen und das Gemüse zu den Forellen geben, weitere 5 Minuten garen.

27. März

Bananenfrühstück K

4 Bananen
1/8 l Schlagobers
Kokosraspel

Bananen in Scheiben schneiden, mit etwas Schlagobers beträufeln und mit Kokosraspeln bestreuen.

Kartoffelpüree K

1 kg mehlige Kartoffeln
100 g Butter
1/4 l Schlagobers
Salz
Muskatnuss

Kartoffeln schälen, vierteln, in Salzwasser kochen und noch heiß durch die Presse drücken. Handwarme Butter einrühren und dann das Schlagobers nach und nach unterrühren. Mit Salz und Muskatnuss würzen.

28. März

Sauerkrautgemüse K

1 Zwiebel
1 Knoblauchzehe
100 g frische Champignons
1 TL Butter
250 g Sauerkraut
4 EL Gemüsebrühe
200 g Kartoffeln
1 Karotte
150 g Broccoli
2 Tomaten
Pfeffer
Salz

Zwiebel und Knoblauch fein schneiden, die Champignons in dünne Scheiben schneiden. Zwiebel und Knoblauch in heißem Fett anschwitzen, die Champignons dazugeben, das Sauerkraut ebenfalls.
Mit Gemüsebrühe aufgießen und 15 Minuten ziehen lassen.
Kartoffeln und Karotten in dünne Streifen schneiden, Broccoli in Röschen teilen, alles zusammen in Salzwasser ca. 10 Minuten kochen, herausnehmen und unter das Sauerkraut mischen.
Die Tomaten schälen, würfeln und ebenfalls dazugeben. Mit den Gewürzen abschmecken.

29. März

Frühstückstoast mit Honig K

4 Scheiben Vollkorntoast
250 g Topfen
Honig
Sesamkerne

Brot toasten, mit Topfen bestreichen, Honig darüberträufeln und mit Sesamkernen bestreuen.

Rindsfilet natur E

400 g Rindsfilet
Salz
frisch gemahlener Pfeffer
Öl

Rindsfilet ganz leicht klopfen, mit Salz und frisch gemahlenem Pfeffer würzen, in einer heißen Pfanne mit Öl auf beiden Seiten anbraten und dann auf kleiner Flamme ziehen lassen.

30. März

Karottenpfanne N

500 g Champignons
500 g Karotten
300 g Schalotten
3 Knoblauchzehen
3 EL Öl
Salz
Pfeffer
1 Bund Petersilie
5 EL Creme fraiche

Champignons blättrig, Karotten in Scheiben schneiden, Schalotten vierteln und den Knoblauch fein hacken. Schalotten und Knoblauch in heißem Öl anbraten, Karotten und Champignons dazugeben, ca. 15 Minuten dünsten, mit Salz und Pfeffer würzen, Creme fraiche einrühren und mit gehackter Petersilie bestreuen.

Nudeln mit Champignons K

100–150 g Spagetti
250 g Champignons
80 g Zwiebeln
etwas Butter
4 Knoblauchzehen
Salz
Pfeffer
Basilikum

Spagetti in viel Salzwasser kochen, die Zwiebeln fein schneiden und mit den blättrig geschnittenen Champignons anrösten. Mit Knoblauch und Basilikum würzen, salzen und pfeffern.
Nudeln aus dem Wasser nehmen, abtropfen lassen und mit den Champignons vermischen.

31. März

Kartoffelsalat mit Tomaten K

750 g Kartoffeln
2 Zwiebeln
1/8 l Gemüsebrühe
1/4 l Brottrunk
Salz
Pfeffer
4 Tomaten
1 Salatgurke
1 Bund Radieschen
Basilikum
4 EL Salatöl

Die gekochten Kartoffeln schälen und würfeln, die Zwiebeln fein schneiden und mit der Gemüsebrühe, dem Brottrunk, Salz und Pfeffer aufkochen. Tomaten, Gurke und Radieschen klein schneiden und mit den Kartoffeln vermischen. Das Öl unterrühren und mit gehacktem Basilikum bestreuen. Nochmals mit Salz und Pfeffer abschmecken und etwas ziehen lassen.

I. April

Bärlauchsuppe K

100 g Bärlauch
30 g Butter
60 g Zwiebeln
2–3 EL Mehl
3/4 l Gemüsebrühe
2 Knoblauchzehen
1/8 l Schlagobers
Salz
Pfeffer

Die Zwiebeln und den Knoblauch fein schneiden und in etwas Butter anrösten.
Das Mehl dazugeben und weiterrösten.
Mit der Gemüsebrühe aufgießen und aufkochen lassen.
Den Bärlauch fein schneiden, dazugeben und nochmals kurz aufkochen lassen, anschließend pürieren.
Mit Salz und Pfeffer würzen, das Schlagobers einrühren und noch einmal aufkochen.

2. April

Lachssalat   E

500 g grüner Spargel
200 g Lachsfilet
4 Champignons
Zitronensaft
Pfeffer
4 EL Creme fraiche
1 Bund Basilikum
2 Tomaten
1 TL Olivenöl

Für die Marinade Tomaten enthäuten und würfelig schneiden, mit der Creme fraiche, dem gehackten Basilikum und dem Olivenöl gut verrühren.
Lachs in dünne Streifen schneiden und sofort mit Zitronensaft und Pfeffer würzen. Den Spargel an den Enden abschneiden und in Salzwasser 10-15 Minuten bissfest kochen, etwas abkühlen lassen.
Die Champignons blättrig schneiden, mit Lachs und Spargel auf einem Teller anrichten und mit der Marinade übergießen.

3. April

Pikante Avocadocreme   E

1 Avocado
2 EL Öl
Zitronensaft
12 grüne Oliven (mit Paprika gefüllt)
Pfeffer

Die reife Avocado mit der Gabel zerdrücken, mit Öl und Zitronensaft glattrühren. Die feingehackten Oliven untermischen, mit Pfeffer abschmecken und eventuell noch nachsalzen.

Eichblattsalat mit Ziegenkäse   E

1 Eichblattsalat
18 Walnusskerne
6 kleine eingelegte Ziegenkäse
2 EL Weinessig
3 EL Öl (vom eingelegten Käse)
Salz
Pfeffer

Salat zerpflücken, Walnüsse grob hacken, Käse in grobe Würfel schneiden, alles vermischen und mit der Salatmarinade übergießen.

4. April

Eieromelette E

12 Eier
50 g Butter
Salz
Schnittlauch

Eier gut verquirlen und salzen. Jede Omelette wird in der Pfanne separat zubereitet.
Etwas Butter in der Pfanne erhitzen, 1/4 der Eimasse eingießen, in der Pfanne durch Schwenken verteilen. Wenn die Masse zu stocken beginnt, mit einem Löffel zur Mitte hin zusammenschlagen und auf einen Teller stürzen. Die weiteren Omeletten werden genauso zubereitet, zuletzt mit Schnittlauch bestreuen.

Bananenmilch K

2 Bananen
500 ml Buttermilch
Kokosraspel

Bananen, Kokosraspel und Buttermilch im Mixer pürieren, in Gläser füllen und mit Kokosraspel bestreuen.

5. April

Hühnerbrüstchen mit Spargel E

4 Hühnerbrüstchen
Salz
weißer Pfeffer
Rosmarin
Salbei
Butter
200 g Spargelspitzen
Zitronensaft
Salzwasser
Butter

Hühnerbrüstchen mit Salz, Pfeffer, Rosmarin und Salbei würzen, in Butter anbraten und langsam fertiggaren. Die Spargelspitzen in Salzwasser mit Zitronensaft kochen, abseihen, in etwas Butter schwenken und auf einem Teller anrichten. Die Hühnerbrüstchen aus der Pfanne nehmen, in Streifen schneiden und mit dem Spargel anrichten.

6. April

Karotten im Schinkenmantel E

500 g Karotten
1/4 l Gemüsebrühe
20 g Butter
ca. 200 g gekochter Schinken in Scheiben
ca. 200 g Gouda in Scheiben

Karotten putzen, in der Gemüsebrühe mit Butter aufkochen, ca. 10 Minuten ziehen lassen, herausnehmen und abkühlen lassen. Gemüsebrühe auf kleiner Flamme köcheln lassen, bis sie auf 1/8 l reduziert ist.
Jede Karotte in eine Scheibe Schinken, dann in eine Scheibe Käse wickeln und in eine befettete Auflaufform legen. Sud darübergießen und im vorgeheizten Backrohr bei 250° C ca. 15 Minuten überbacken.

7. April

Omelette mit Speck K

50 g Bauchspeck
etwas Butter
1 Zwiebel
1 gekochte Kartoffel
4 Eidotter
Schnittlauch

Den Speck und die Zwiebel würfelig schneiden, in der Butter anrösten, die gekochte Kartoffel zerdrücken und ebenfalls mitrösten. Die Eidotter verquirlen und unterrühren. Wenn die Eier stocken die Omelette zusammenschlagen und mit frisch geschnittenem Schnittlauch servieren.

Zwiebelkartoffeln K

400 g Kartoffeln
100 g Zwiebeln
Butter
Salz, Pfeffer

Kartoffeln schälen, kurz kochen, dann in 2 cm dicke Scheiben schneiden. Zwiebeln in Ringe schneiden und in der Butter braun rösten. Die Kartoffelscheiben dazugeben, mit Salz und Pfeffer würzen und zusammen im heißen Rohr fertigrösten.

8. April

Salat mit Räucherforellen E

4 geräucherte Forellenfilets
2 Äpfel
2 EL Essig
4 EL Öl
Salz
Pfeffer
1 Bund Petersilie

Die Forellenfilets in kleine Stücke teilen, die Äpfel blättrig schneiden. Aus Essig, Öl, Salz, Pfeffer und der gehackten Petersilie eine Marinade bereiten und über die Forellen und die Äpfel geben, vorsichtig mischen. Den Salat ein bis zwei Stunden durchziehen lassen.

Zimtparfait K

2 Eigelb
100 g Honig
1/4 l Schlagobers
1 TL Zimt

Eigelb und Honig über Dampf schaumig schlagen, dann auskühlen lassen und weiterrühren. Geschlagenes Obers unterheben und mit Zimt abschmecken.
In eine mit Frischhaltefolie ausgelegte Kastenform geben, glattstreichen, etwas aufklopfen und am besten über Nacht ins Gefrierfach geben. In Scheiben schneiden und mit Schlagobers garnieren.

9. April

Semmelknödel K

200 g Knödelbrot
50 g Butter
80 g Zwiebeln
1/8 l Mineralwasser
4 EL Schlagobers
2 Eidotter
50 g Vollkornmehl
Salz
Muskatnuss
Petersilie

Zwiebeln fein schneiden, in der Butter anrösten und mit dem Knödelbrot vermischen. Eidotter mit dem Mineralwasser und dem Schlagobers verquirlen und zusammen mit dem Mehl, Salz, Muskatnuss und der gehackten Petersilie zur Knödelmasse geben. Knödel formen und ca. 15 Minuten in Salzwasser kochen.

10. April

Kräutercremesuppe　　　　　　　　E

60 g frische Kräuter
60 g Zwiebeln
etwas Butter
1/2 l Gemüsebrühe
1/8 l Weißwein
Salz
etwas Pfeffer
2 EL Sojamehl
1/8 l Schlagobers

Die Zwiebeln fein schneiden, in etwas Butter anrösten und mit Gemüsebrühe und Weißwein aufgießen. Aufkochen lassen und die gehackten Kräuter in die Suppe geben.
Mit den Gewürzen abschmecken.
Mit dem Mixstab aufschäumen und das Schlagobers dazugeben.
Das Sojamehl mit etwas Wasser verrühren, in die Suppe einrühren und nochmals aufkochen.

11. April

Topfencreme mit Rosinen　　　　　K

250 g Topfen
250 g Jogurt
2 EL Honig
etwas Rum
1/8 l geschlagenes Obers
in Rum eingelegte Rosinen

Topfen, Jogurt, Honig und Rum verrühren, das geschlagene Obers unterziehen.
Mit einem Spritzsack in ein hohes Glas einfüllen und mit den in Rum eingelegten Rosinen verzieren.

Erbsenpüree　　　　　　　　　　　N

500 g getrocknete Erbsen
1,5 l Wasser
60 g Butter
60 g Zwiebeln
1/2 Becher Schlagobers
1 Speckschwarte
Salz

Erbsen am besten über Nacht in reichlich kaltem Wasser einweichen und dann abseihen. In frischem Wasser mit den gehackten Zwiebeln und der Speckschwarte kochen, bis sie weich sind, abseihen und die Speckschwarte entfernen. Erbsen pürieren, mit Butter und Obers verfeinern und salzen.

12. April

Wirsingrouladen mit Reis　　　　　　K

Wirsingblätter
125 g Vollkornreis
1/4 l Wasser
1 EL Butter
Kräutersalz
Pfeffer
3 EL Jogurt
etwas Suppenwürze
60 g Zwiebeln
60 g Lauch
2 rote Paprikaschoten
Butter
Schnittlauch im Ganzen
Butter für die Form

Vollkornreis mit der Butter in Salzwasser aufkochen und auf kleiner Flamme ausquellen lassen. Zwiebeln und Lauch schneiden, in etwas Butter anrösten, den würfelig geschnittenen Paprika dazugeben und alles mit dem fertigen Reis vermischen.
Mit dem Jogurt verfeinern und mit Kräutersalz und Pfeffer würzen.
Die Kohlblätter in Salzwasser kurz kochen, mit dem Gemüsereis belegen, einrollen und mit einem Schnittlauchhalm zusammenbinden. Dazu den Schnittlauch kurz in kochendes Wasser tauchen, damit er geschmeidig wird. Die Rouladen in eine bebutterte Auflaufform einlegen und kurz ins Rohr schieben.

13. April

Kartoffelnockerln　　　　　　K

500 g Kartoffeln
200 g Vollkornmehl
40 g Grieß
3 Eidotter
Salz
Muskatnuss

Kartoffeln in der Schale kochen, schälen und noch warm durch die Kartoffelpresse drücken, salzen und mit Muskatnuss würzen. Mit Mehl, Grieß und Eidottern zu einem festen Teig verarbeiten.
Zu Rollen formen und kleine Stücke abschneiden. Mit einer Besteckgabel ein Muster eindrücken und in viel Salzwasser kochen, wenn die Nockerln an die Oberfläche kommen, dann sind sie fertig.

Lachsforellenfilets natur　　　　　　E

200 g Lachsforellenfilets
30 g Dille
20 g Salz
Pfeffer
Zitronensaft
Öl

Die Dille fein hacken und mit den Gewürzen sowie mit dem Zitronensaft gut vermischen. Die Lachsforellenfilets gut waschen, trockentupfen, in die vorbereitete Beize einlegen, mit einer Folie abdecken und über Nacht im Kühlschrank ziehen lassen. Die Filets in einer Pfanne mit heißem Öl beidseitig anbraten und auf kleiner Flamme ziehen lassen.

14. April

Knoblauchsoße   E

100 g Jogurt
4 EL Sauerrahm
etwas Sojasoße
Salz
Pfeffer
4 Knoblauchzehen

Jogurt mit dem Sauerrahm glattrühren, mit Sojasoße, Salz und Pfeffer abschmecken, den zerdrückten Knoblauch einrühren und ziehen lassen.

Frühlingssalat   E

1 Blattsalat nach Wahl
5 Radieschen
viele Gänseblümchenköpfe
2 hartgekochte Eier
Schnittlauch
frische Kresse
3 EL Sonnenblumenöl
Apfelessig
2 EL Sojasoße

Den Salat waschen, zerpflücken und gemeinsam mit den in Scheiben geschnittenen Radieschen in eine Schüssel geben. Viele Gänseblümchenköpfe, fein geschnittenen Schnittlauch und die gehackten Eier dazugeben. Öl, Essig und Sojasoße verrühren und über den Salat gießen. Vorsichtig durchmischen und mit frischer Kresse bestreuen.

15. April

Kalbsbraten   E

800–1000 g Kalbsbraten
Salz
Pfeffer
frischer Salbei
frischer Rosmarin
Wasser
100 g Karotten
100 g Sellerie
80 g Zwiebeln
1/16 l Schlagobers

Den Kalbsbraten rollen, mit einem Küchenfaden binden, mit Salz, Pfeffer und den Kräutern würzen und bei 200–220° im Rohr braten. Mit etwas Wasser aufgießen. Karotten, Sellerie und Zwiebeln fein schneiden und mit dem Kalbsbraten mitbraten. Immer wieder mit eigenem Bratensaft aufgießen, nach ca. 1 Stunde den Braten herausnehmen und warm stellen. Den Bratensaft mit dem Gemüse gut aufkochen und pürieren, Schlagobers einrühren und noch einmal aufkochen.

16. April

Kokoskugeln K

200 g Honig
125 g Butter
65 g Kokosraspel
35 g Vollkornmehl
etwas Kakao
2 EL Rum
Vanillezucker

Honig und Butter schaumig rühren, restliche Zutaten ebenfalls einrühren und die Masse kalt stellen. Anschließend kleine Kugeln formen und in Kokosraspeln wälzen.

Kartoffelaufstrich K

250 g Topfen
200 g Jogurt
100 g Kartoffeln
80 g Zwiebeln
Salz
Pfeffer
2 Knoblauchzehen
100 g Frischkäse mit Kräutern
frischer Schnittlauch

Die gekochten, noch warmen Kartoffeln durch die Presse drücken, Zwiebeln und Knoblauch fein hacken, alle Zutaten verrühren und mit Salz und Pfeffer würzen. Mit fein geschnittenem Schnittlauch bestreuen.

17. April

Gemüsepfanne mit Kartoffeln K

200 g gekochte Kartoffeln
1 Karotte
50 g grüne Bohnen
50 g Champignons
50 g Zucchini
Salz, Pfeffer
Majoran, Muskatnuss
Schnittlauch
80 g Zwiebeln
Butter

Zwiebeln fein schneiden, in einer Pfanne mit heißer Butter anrösten, die würfelig geschnittenen Kartoffeln dazugeben und mitrösten. Das restliche Gemüse gefällig schneiden und dazugeben. Alles zusammen gut anrösten.
Mit Salz, Pfeffer, Majoran und Muskatnuss würzen und mit Schnittlauch bestreuen.

18. April

Rucola mit Putenbruststreifen E

200 g Putenbrust
Salz
Pfeffer
Currypulver
etwas Öl
2 EL Sherryessig
1 Bund Rucola
3 Tomaten
50 g Sojasprossen
3 EL Gemüsebrühe
1 Knoblauchzehe

Putenbrust mit Salz, Pfeffer und Curry einreiben, etwas Öl mit 1 EL Essig verrühren, das Fleisch damit beträufeln und 15 Minuten ziehen lassen. Den Rucola waschen und gut abtropfen lassen, die Tomaten in Scheiben schneiden und die Sojasprossen ebenfalls waschen.
Die Putenbrust in einer Pfanne braten und abkühlen lassen.
Öl mit Gemüsebrühe, Essig, Salz, Pfeffer und zerdrücktem Knoblauch vermischen und über den Salat gießen. Mit den Putenbruststreifen belegen.

19. April

Wirsinggemüse mit Champignons N

250 g Wirsing
Salz
Pfeffer
100 g Champignons
Butter
1 Knoblauchzehe

Wirsingblätter in Streifen schneiden und in kochendem Salzwasser blanchieren. Champignons blättrig schneiden, mit der zerdrückten Knoblauchzehe in einer Pfanne mit heißer Butter anrösten, Wirsingblätter dazugeben und mit Salz und Pfeffer würzen.

Eisalat mit Spargel E

5 hartgekochte Eier
100 g gekochter Schinken
1 Dose Spargelabschnitte
100 g Edamer
1 Dose junge Erbsen
Salz
Pfeffer
1 TL Currypulver
Petersilie
Schnittlauch
125 g Sauerrahm

Die Eier schälen und grob hacken, den Schinken nudelig schneiden, die Spargelabschnitte und die Erbsen abtropfen lassen, den Käse würfeln.
Alles vorsichtig vermengen, leicht salzen und pfeffern.
Den Sauerrahm mit Schnittlauch und Petersilie verrühren, mit Curry abschmecken und unter den Salat rühren.

20. April

Gedünsteter Reis   K

150 g Reis
4 dl Gemüsebrühe
50 g Butter
50 g Zwiebeln
Salz

Fein gehackte Zwiebeln in zerlassener Butter anrösten, den Reis dazugeben, kurz durchrühren und mit der Gemüsebrühe aufgießen. Salzen und ausquellen lassen.

Forelle in Mandelbutter   E

4 frische Forellen
Kräutersalz
Zitonensaft
1 Knoblauchzehe
etwas Öl
2 EL gehobelte Mandeln
etwas Butter
1 Knoblauchzehe
Salz
Zitronensaft
gehackte Petersilie

Forellen gut waschen, trockentupfen, mit Kräutersalz, etwas Zitronensaft und Knoblauch würzen. In heißem Fett auf beiden Seiten anbraten und ca. 15 Minuten ziehen lassen.
Mandeln und Butter in einer Pfanne leicht anrösten, mit Knoblauch, Salz und Zitronensaft würzen. Zum Schluß die gehackte Petersilie dazugeben und über die Forellen gießen.

21. April

Kartoffelgulasch   K

800 g Kartoffeln
300 g Zwiebeln
2 TL Paprikapulver
Salz, Pfeffer
Öl
1 EL Mehl
etwas Gemüsebrühe
Salz, Pfeffer
Majoran
Thymian
2 Knoblauchzehen

Die Kartoffeln würfelig schneiden, die Zwiebeln in Ringe schneiden und in heißem Öl mit dem Paprika gelb rösten. Die Kartoffeln dazugeben, kurz mitrösten, mit Mehl stauben und nochmals rösten, mit Gemüsebrühe aufgießen und mit Salz, Pfeffer, Majoran, Thymian und Knoblauch abschmecken.
Auf kleiner Flamme langsam dünsten lassen.

22. April

Vollkornbrot mit Butter und Honig K

frisches Vollkornbrot
Butter
Honig

Vollkornbrot schneiden, mit zimmerwarmer Butter bestreichen und mit Honig beträufeln.

Kartoffelpastete mit Kräuterjogurt K

600 g Kartoffeln
Salz
Pfeffer
Muskatnuss
1/8 l Schlagobers
6 Blatt Gelatine
200 g Jogurt
etwas Salz
2 EL frische Kräuter (Schnittlauch, Petersilie, Dille, Majoran, Basilikum...)

Gekochte Kartoffeln passieren, mit Salz, Pfeffer und Muskatnuss würzen.
Gelatine in kaltem Wasser einweichen, ausdrücken, am Herd leicht anwärmen, bis sie sich zu einem dicken Brei auflöst. Das geschlagene Obers unter die aufgelöste Gelatine rühren und dann rasch in die Kartoffelmasse einarbeiten.
Eine Pastetenform mit einer Küchenfolie auslegen und die Kartoffelmasse einfüllen. An einem kühlen Ort stehen lassen, bis die Pastete schnittfest ist.
Für das Kräuterjogurt die gehackten Kräuter mit dem Jogurt und dem Salz verrühren.

23. April

Reisschnitzel K

125 g Naturreis
ca. 1/4 l Wasser
Salz
50 g Vollkornmehl
1 Eidotter
etwas Butter
80 g Zwiebeln
100 g Sellerie und Karotten
Pfeffer
etwas Salbei
Petersilie
Öl

Den Reis in Salzwasser aufkochen und quellen lassen.
Das Gemüse und die Zwiebeln in ganz feine Streifen schneiden, in einer Pfanne mit etwas Butter leicht anrösten, mit dem Reis vermischen und mit Pfeffer, Salbei und gehackter Petersilie würzen. Auskühlen lassen, dann das Mehl und den Eidotter einkneten, kleine Schnitzel formen und in einer Pfanne mit heißem Öl ausbacken.

24. April

Kalbsragout E

600 g Kalbsschulter
2 Zwiebeln
Salz
1 EL Tomatenpüree
200 g Karotten
200 g Sellerie
1/8 l Weißwein
Zitronensaft
250 g Champignons
Öl

Das Fleisch würfelig schneiden, salzen, portionsweise im heißen Öl braun anbraten, herausnehmen und warm stellen. Zwiebeln im Öl anrösten, Tomatenpüree einrühren, mit dem Wein und dem Zitronensaft aufgießen und Fleisch, gewürfelte Karotten und Sellerie in die Soße geben. Alles etwa 50 Minuten bei kleiner Flamme köcheln lassen. Fleisch aus der Soße nehmen und warm stellen. Die Soße passieren, wieder in den Topf geben, blättrig geschnittene Champignons dazugeben und einige Minuten darin kochen.

25. April

Pikantes Gemüse E

8 grüne Spargelstangen
12 Zuckerschoten
80 g Champignons
1/2 TL frischer Ingwer
1 TL Korianderblätter
3 EL Sojaöl
50 ml Hühnerbrühe
1 TL Sojasoße
1 TL Sesamöl

Spargel und Zuckerschoten waschen und in Stücke schneiden, Champignons blättrig schneiden und Ingwer schälen und raffeln. Koriander grob hacken. Sojaöl in einer Pfanne erhitzen, den Ingwer kurz andünsten, Spargel, Zuckerschoten und Champignons dazugeben und mitdünsten. Mit Hühnerbrühe aufgießen, dünsten, bis fast die ganze Flüssigkeit verdampft ist. Zum Schluß Koriander, etwas Sojasoße und Sesamöl dazugeben.

Avocado mit Knoblauch N

2 reife Avocados
Salz
1 Knoblauchzehe

Die Avocados halbieren, den Kern herausschälen, die Schnittflächen mit zerdrücktem Knoblauch einreiben und salzen. Sofort servieren.

26. April

Löwenzahnsalat E

2 Eier
250 g zarte Löwenzahnblätter
1 EL Rotweinessig
1 Knoblauchzehe
1 TL Senf
Salz
Pfeffer
5 EL Walnussöl
100 g Speck

Die hartgekochten Eier schälen und hacken, die Löwenzahnblätter waschen und abtropfen lassen. Für die Soße den Essig mit dem zerdrückten Knoblauch, Senf, Salz und Pfeffer verrühren. Dann erst das Öl unterrühren. Speck würfelig schneiden und in einer Pfanne anrösten. Den Salat in einer Schüssel mit der Soße begießen, Speck und gehackte Eier daraufgeben, dann vorsichtig umrühren und servieren.

27. April

Räucherforellenbutter N

100 g Butter
200 g Räucherforellenfilet
Pfeffer
etwas Salz
wenig Wacholderschnaps

Butter schaumig rühren und das faschierte Räucherforellenfilet in die Butter einrühren.
Mit Pfeffer, etwas Salz und dem Wacholderschnaps würzen.
Um die Gräten zu entfernen kann man die fertige Masse durch ein Sieb drücken.

Spagetti mit Spargel K

750 g grüner Spargel
2 l Salzwasser
400 g Spagetti
400 ml Schlagobers
Pfeffer
Salz
150 g Rohschinken
2 TL Tomatenmark
2 Eidotter

Spagetti in Salzwasser kochen und abseihen. Vom Spargel die unteren Enden abschneiden, in 2 cm lange Stücke schneiden, mit dem Schlagobers in einem Topf aufkochen, fünf Minuten ziehen lassen, herausnehmen und warm stellen. Rohschinken klein würfeln und mit dem Tomatenmark in das Obers einrühren, mit Salz und Pfeffer würzen. Eidotter langsam einrühren, Spargelstücke unterheben und mit den Spagetti anrichten.

28. April

Hühnersalat E

8 Hühnerschenkel
1 Tomate
40 ml Pflanzenöl
250 g Champignons
220 g Frühlingszwiebeln
220 g Staudensellerie
50 ml Sojasoße
2 Knoblauchzehen
400 g Eisbergsalat

Hühnerfleisch und Tomate in mundgerechte Stücke zerteilen, Frühlingszwiebeln grob hacken, Champignons blättrig schneiden, Sellerie klein schneiden, Eisbergsalat fein hacken.
Öl in einer Pfanne erhitzen und das Fleisch darin braten, Tomate, Champignons, Zwiebeln, Sellerie, Sojasoße und Knoblauch einrühren. Zudecken, 5 Minuten leicht einkochen lassen und auf dem Eisbergsalat servieren.

Knoblauchspießchen E

300–400 g Schweinelendchen
3 Knoblauchzehen
Salz
Pfeffer
1 Salatgurke
Speckscheiben
Öl

Fleisch und Salatgurke in gleich große Würfel schneiden und abwechselnd auf einen Spieß stecken. Mit Salz, Pfeffer und zerdrücktem Knoblauch würzen. Den gesamten Spieß mit den Speckscheiben umwickeln und in einer Pfanne mit heißem Öl braten.

29. April

Risotto mit Gurken K

150 g Naturreis
doppelte Menge Wasser
Salz
100 g Salatgurke
1 EL Butter
60 g Zwiebeln
2 rote Paprikaschoten
2 EL Schlagobers
3 EL geriebener Mozzarella
etwas gehackte Petersilie

Die Gurke schälen, der Länge nach halbieren, mit einem Kaffeelöffel die Kerne entfernen und würfelig schneiden. Die Zwiebeln und die Paprika fein schneiden und alles zusammen mit etwas Butter anrösten. Den Reis dazugeben und mit der doppelten Menge heißem Wasser aufgießen, salzen, aufkochen lassen und dann auf kleiner Flamme fertig dünsten. Schlagobers und den geriebenen Mozzarella in den fertigen Reis einheben und noch kurz ziehen lassen. Mit gehackter Petersilie bestreuen.

30. April

Bischofsbrot K

3 Eidotter
60 g Honig
Vanillezucker
1/2 EL Rum
60 g Vollkornmehl
130 g kandierte Früchte, Rosinen und
  Mandelstifte
50 g Schokolade
60 g zerlassene Butter

Eidotter mit Honig, Vanillezucker und Rum sehr gut schaumig rühren. Das Mehl mit den kandierten Früchten, Rosinen, Mandelstiften und der gehackten Schokolade vermischen und unter die Dottermasse heben. Zuletzt ganz vorsichtig die zerlassene Butter unterziehen.
In eine bebutterte und bemehlte Kastenform geben und im Backrohr bei 170° C ca. 40 Minuten backen.

Spinatcremesuppe N

500 g frischer Spinat
1 Zwiebel
10 g Butter
3 Knoblauchzehen
1 l Gemüsebrühe
etwas Salz
1/8 l Schlagobers

Frische Spinatblätter waschen, etwas zerkleinern und mit der fein geschnittenen Zwiebel in der Butter anrösten, dann mit der Gemüsebrühe aufgießen.
Mit dem Knoblauch abschmecken und pürieren. Ganz zum Schluß erst salzen und geschlagenes Obers einrühren.

1. Mai

Tagliatelle mit Gemüse   K

400 g Tagliatelle
Salz
200 g grüner Spargel
200 g Zuckerschoten
200 g Frühlingszwiebeln
2 Knoblauchzehen
1 rote Pfefferoni
2 TL Olivenöl
1/4 l Gemüsebrühe
2 EL Koriander (fein gehackt)
etwas Cayennepfeffer

Die Nudeln in reichlich Salzwasser kochen und abseihen.
Spargel, Zuckerschoten und Frühlingszwiebeln klein schneiden, den Knoblauch fein hacken und den Pfefferoni fein würfeln. Das Gemüse in einer Pfanne mit heißem Öl anrösten, mit Gemüsebrühe aufgießen und köcheln lassen, bis das Gemüse bissfest ist. Mit Koriander, Salz und Cayennepfeffer abschmecken und die Tagliatelle daruntermischen.

2. Mai

Zanderröllchen mit Spinat E

4–8 Zanderfilets
4–8 Speckscheiben
500 g frischer Blattspinat
ca. 3/4 l Wasser
1/8 l Weißwein
Salz
Pfefferkörner
Zitronensaft
1 Lorbeerblatt
1 kleine Zwiebel

Fischfilets waschen und trockentupfen. Den Blattspinat in kochendem Salzwasser kurz blanchieren und kalt abschrecken. Die Zanderfilets mit dem Blattspinat und den Speckscheiben belegen, zusammenrollen und mit Spagat zusammenbinden.
Wasser, Weißwein und Zwiebel aufkochen, Salz, Pfefferkörner, Zitronensaft und Lorbeerblatt dazugeben.
Die Zanderröllchen in den fertigen Sud einlegen und zugedeckt ca. 15 Minuten ziehen lassen.

3. Mai

Salat mit Ei und Radieschen E

1 Kopfsalat
2 Eier
3 Radieschen
1/8 l Apfelessig
4 EL Olivenöl
Salz
weißer Pfeffer, gehackte Kräuter

Den Salat waschen und gut abtropfen lassen, die Radieschen ebenfalls waschen und fein reiben. Die Zutaten für die Marinade gut vermischen und über den Salat und die Radieschen gießen.
Die hartgekochten Eier und die fein gehackten Kräuter über den Salat streuen.

Kräutersuppe K

2 Kartoffeln
1/2 l Wasser
1 Zwiebel
Butter
frische Kräuter (Kerbel, Petersilie, Schnittlauch, Kresse, Dille...)
1/2 l Gemüsebrühe
etwas Salz
1/8 l Schlagobers

Rohe Kartoffeln schälen, würfelig schneiden und im Wasser weich kochen. Das Wasser von den Kartoffeln nicht abseihen. Die fein geschnittene Zwiebel in Butter anrösten, zu den gekochten Kartoffeln geben, mit der Gemüsebrühe aufgießen, aufkochen lassen und kurz vor dem Servieren die fein gehackten Kräuter dazugeben und salzen. Zuletzt das geschlagene Obers einrühren.

4. Mai

Wirsingrouladen mit Lachs E

1,5 kg Wirsing
2 l Wasser
Salz
20 g Butter
Zitronenschale
Salz
Pfeffer
600 g Lachsfilet
2 EL Zitronensaft
Salz
Pfeffer
2 EL Senf
20 g Butter
1/4 l Gemüsebrühe
100 g Creme fraiche

12 Wirsingblätter 5 Minuten in Salzwasser blanchieren und abtropfen lassen. Restlichen Wirsing in dünne Streifen schneiden, in zerlassener Butter mit Zitronenschale kurz dünsten und mit Salz und Pfeffer würzen.
Lachsfilet in vier Stücke teilen und mit Zitronensaft beträufeln.
Je drei Wirsingblätter überlappend aneinanderlegen, die Hälfte der Wirsingstreifen darauf verteilen, den mit Salz und Pfeffer gewürzten Lachs darauflegen, mit Senf bestreichen und mit restlichen Wirsingstreifen belegen. Einrollen, mit Zahnstochern fixieren, in zerlassener Butter anbraten und 15 Minuten dünsten. Gemüsebrühe und Creme fraiche in den Bratensaft einrühren und aufkochen.

5. Mai

Spargel mit Vinaigrette E

200 g weißer Spargel
Zitronensaft
Salzwasser
1 hartgekochtes Ei
1 Zwiebel
50 g roter, grüner und gelber Paprika
50 g frische Salatkräuter (Schnittlauch, Petersilie, Kerbel, Dille, Estragon...)
1/8 l Kräuteressig
2/8 l Salatöl
Salz
Pfeffer

Den Spargel schälen und in kochendem Wasser mit Salz und Zitronensaft nicht zu weich kochen. Für die Vinaigrette Essig und Öl gut miteinander verrühren, dann die fein gehackten Zutaten dazugeben und mit Salz und Pfeffer würzen. Spargel auf einem Teller anrichten, mit der Vinaigrette übergießen und servieren.

Radieschenaufstrich N

250 g Topfen
200 g Jogurt
100 g Radieschen
Salz, Pfeffer
frische Salbeiblätter

Radieschen waschen, reiben und mit Topfen und Jogurt verrühren. Mit Salz, Pfeffer und Salbei würzen, mit ein paar Radieschenscheiben garnieren.

6. Mai

Seezunge überbacken   E

8 Seezungenfilets
750 g Blattspinat
Zitronensaft
2 Knoblauchzehen
2 EL Weißwein
2 EL Butter
Salz
Pfeffer
1 Zwiebel
1 TL Thymian
2 EL Butter
1/4 l Milch
200 g Schlagobers
2 Eidotter
3 EL Parmesan
Salz
Pfeffer

Seezungenfilets leicht salzen und pfeffern und mit Zitronensaft beträufeln. Blattspinat mit 2 EL Weißwein, Salz und Pfeffer in einen Topf geben, erhitzen, Knoblauchzehen dazupressen, zudecken, den Spinat zusammenfallen lassen und abseihen. Die Zwiebel sehr fein hacken, in 1 EL Butter glasig dünsten, Thymian einstreuen, mit der Milch aufgießen, salzen und pfeffern. Kurz aufkochen und dann etwa 5 Minuten ziehen lassen, das Schlagobers, die Eidotter und den Parmesan einrühren, mit Salz und Pfeffer würzen und vom Herd nehmen. 4 Seezungenfilets in eine befettete Auflaufform legen, den Spinat darauf verteilen, die restlichen 4 Fischfilets darauf legen, mit der Soße übergießen und im vorgeheizten Backrohr bei 180° C ca. 15 Minuten überbacken.

7. Mai

Gemüsegulasch   K

100 g Zwiebeln
600–800 g gemischtes Gemüse (Kartoffeln, Karotten, Sellerie, Kohlrabi, grüne Bohnen, 2 Tomaten, 1 gelbe und 1 grüne Paprikaschote)
etwas Butter
1 EL Mehl
etwas Wasser
Salz, Pfeffer
Majoran
Salbei
Muskatnuss

Zwiebeln fein schneiden, in Butter glasig anrösten, Kartoffeln, Karotten, Sellerie und Kohlrabi schälen, würfelig schneiden und mit den Zwiebeln mitrösten. Mit etwas Wasser aufgießen und leicht dünsten. Die grünen Bohnen, die geschälten Tomaten und die entkernten Paprika klein schneiden, dazugeben und dünsten.
Mehl mit etwas Wasser verrühren und in das Gemüsegulasch einrühren.
Mit Salz, Pfeffer, Majoran, Salbei und Muskatnuss würzen.

Topfenaufstrich mit Dille   N

150 g Topfen
3 EL Schlagobers
1 EL Weizenkeimöl
etwas Dille
Kräutersalz
wenig Kümmel

Topfen mit dem Schlagobers und dem Weizenkeimöl verrühren, mit fein gehackter Dille, dem Kräutersalz und wenig Kümmel abschmecken.

8. Mai

**Filetspitzen vom Rind
auf Blattsalat**   E

*300–400 g Rindsfilet
Salz
Zitronensaft
Pfeffer
2 Äpfel
Kernöl
Blattsalate
ca. 1/8 l verdünnter Balsamicoessig
1/16 l Kernöl
Salz
Pfeffer
ganz wenig Senf*

Filet in fingerdicke Streifen schneiden, würzen und in einer heißen Pfanne mit der Hälfte des Kernöls anbraten. Äpfel entkernen, vierteln, blättrig schneiden, mit Zitronensaft beträufeln und auch in der Pfanne mitbraten.
Gewaschene Salatblätter auf einen Teller legen und das fertige Fleisch und die gebratenen Äpfel darauf verteilen.
Den Essig in die warme Pfanne eingießen, erwärmen, mit Salz, Senf und Pfeffer würzen und über den Salat gießen. Mit dem restlichen Kernöl beträufeln und rasch servieren.

9. Mai

Spinatgnocchi   K

*600 g Kartoffeln
200 g Vollkornmehl
2 Eidotter
Salz, Pfeffer
Muskatnuss
150 g Blattspinat (tiefgekühlt)
1 EL Butter*

Gekochte Kartoffeln durch die Presse drücken, mit Mehl, Eidottern, Salz, Pfeffer und Muskatnuss zu einem glatten Teig verarbeiten. Spinat auftauen, sehr fein hacken und unter den Kartoffelteig mengen. Daumendicke Teigrollen formen, davon etwa 2 cm breite Stücke abschneiden. Die Spinatgnocchi in reichlich kochendes Salzwasser einlegen, wenn sie aufsteigen, sind sie gar, abseihen und in etwas Butter schwenken.

Brennnesselsuppe   K

*Junge Brennnesselblätter
100 g Zwiebeln
100 g rohe Kartoffeln
Butter zum Anrösten
1 l Gemüsebrühe
2 Knoblauchzehen
Salz, Pfeffer
1/8 l Schlagobers*

Junge Brennnesselblätter waschen und nudelig schneiden. Zwiebeln und Kartoffeln würfelig schneiden und in Butter anrösten. Brennnesseln dazugeben und mit der Gemüsebrühe aufgießen, aufkochen lassen. Mit Knoblauch, Salz und Pfeffer würzen und pürieren. Mit dem geschlagenen Obers verfeinern.

10. Mai

Gemüsesalat mit Käse   E

2 Frühlingszwiebeln
1 Karotte
1 kleiner Radicchio
1/2 Salatgurke
1 Tomate
1 gelbe Paprikaschote
50 g Appenzeller
1/2 TL Salz
Pfeffer
frische Kräuter
1 EL Obstessig
1 TL Senf
2 EL Olivenöl

Die Frühlingszwiebeln in feine Ringe schneiden, die Karotte putzen und in dünne Scheiben schneiden. Den Radicchio zerpflücken, die Salatgurke schälen und in Scheiben schneiden, die Tomate, die Paprikaschote und den Käse würfeln. Alles miteinander vermengen.
Salz mit dem Essig und dem Senf glattrühren, das Öl unter Rühren dazugeben und über den Salat gießen. Mit Pfeffer und den gehackten Kräutern bestreuen.

11. Mai

Rindfleischeintopf mit grünen Bohnen   E

750 g grüne Bohnen
375 g Rindfleisch
250 g Zwiebeln
50 g Butter
250 g Tomaten
Salz, Paprikapulver, Pfeffer

Bohnen waschen und zerkleinern, Rindfleisch in kleine Würfel schneiden, Zwiebeln fein schneiden und mit dem Fleisch in zerlassener Butter kurz anrösten. Die Bohnen hinzufügen und dünsten lassen. Zuletzt die geschälten und gewürfelten Tomaten dazugeben und mit den Gewürzen abschmecken.

Sauerkraut   K

500 g Sauerkraut
1 rohe Kartoffel
80 g Butter
1 Zwiebel
Salz, Zucker, Pfeffer, Majoran
10 Senfkörner, 3 Wacholderbeeren
1 Lorbeerblatt
etwas Suppenwürze
Wasser

Die fein geschnittene Zwiebel mit etwas Zucker in Butter anrösten, das gewaschene Sauerkraut dazugeben und mit dem Wasser aufgießen. Die rohe Kartoffel reiben und unter das Kraut mischen. Senfkörner, Wacholderbeeren, Lorbeerblatt und Suppenwürze dazugeben. Mit Salz, Pfeffer, Zucker und Majoran würzen und aufkochen lassen.

12. Mai

Buchweizenlaibchen K

100 g Buchweizen
60 g Zwiebeln
50 g Karotten
50 g Sellerie
50 g Lauch
etwas Butter
2 Eidotter
2–4 EL Brösel
Kräutersalz
Pfeffer
1 Knoblauchzehe
frische Kräuter

Den Buchweizen in entsprechend Wasser kochen und ausquellen lassen. Zwiebeln, Karotten, Sellerie und Lauch schälen, waschen und fein schneiden. In etwas Butter leicht anrösten.
Mit Kräutersalz, Pfeffer und Knoblauch würzen, auskühlen lassen und dann mit dem Buchweizen vermischen.
Die Eidotter dazugeben, mit den Bröseln und den frischen Kräutern zu einer mittelfesten Masse verarbeiten und Laibchen formen.
Auf ein mit Backpapier belegtes Blech legen und im Rohr backen.

13. Mai

Salatteller mit Hühnerbruststreifen E

3 Hühnerbrüstchen
Salz, weißer Pfeffer, etwas Butter
1 Blattsalat
5 Kirschtomaten
100 g Salatgurke
1/8 l verdünnter Weißweinessig
1/16 l Weizenkeimöl
Salz, etwas Pfeffer
frischer Schnittlauch, Kerbel, Dille

Hühnerbrüstchen mit Salz und weißem Pfeffer würzen und in einer heißen Pfanne mit Butter anbraten. Die Zutaten für die Marinade gut verrühren, 1/3 davon beiseite stellen und die noch heißen Hühnerbrüstchen darin einlegen.
Tomaten halbieren, mit der in Streifen geschnittenen Gurke und dem Blattsalat auf einem Teller anrichten und mit der Marinade übergießen. Die Hühnerbrüstchen aus der Marinade nehmen, in dünne Streifen schneiden und auf dem Salat anrichten.

Karotten-Apfel-Schale E

2 Karotten, 2 Äpfel
1 Becher Jogurt
2 TL Sonnenblumenöl
(wenig Honig)
2 EL Kokosraspel

Karotten in feine Stifte schneiden, Äpfel grob raspeln und beides miteinander vermischen. Jogurt, Sonnenblumenöl und Honig verrühren und mit der Karotten-Apfel-Mischung vermengen. Zuletzt die Kokosraspel darüberstreuen.

14. Mai

Krautfleisch   E

600 g Schweineschulter
Öl, etwas Butter
300 g Zwiebeln
1 EL Essig
1/2–3/4 l Suppe
Salz, Pfeffer, Majoran, Paprikapulver
3 Knoblauchzehen, Kümmel
100–200 g frisches Sauerkraut

Das Fleisch würfelig schneiden, in heißem Öl anrösten, herausnehmen und das restliche Öl abgießen. Etwas Butter in den gleichen Topf geben, die Zwiebeln darin anrösten, das Fleisch dazugeben und mit dem Paprika würzen. Das gewaschene Sauerkraut dazugeben, mit Suppe aufgießen und köcheln lassen. Mit Salz, Pfeffer, Majoran, Knoblauch, Essig und Kümmel abschmecken.

Spinatsalat mit Eiern   E

400 g Blattspinat
Petersilie
60 g Zwiebeln
Zitonensaft
3 EL Jogurt
2 EL Salatöl
Salz, weißer Pfeffer
2 Eier
4 Radieschen

Spinat vorsichtig waschen und abtropfen lassen. Zwiebeln und Petersilie fein hacken und gemeinsam mit Jogurt, Zitronensaft, Salatöl, Salz und Pfeffer zu einer Marinade verrühren. Den Spinat auf einer Platte anrichten und mit der Marinade übergießen. Eier vierteln und mit den in Scheiben geschnittenen Radieschen garnieren.

15. Mai

Wirsingrouladen mit Gemüse   E

8 Wirsingblätter
Salz
2 Eiklar
200 g Gemüse
1 TL Butter
1 EL Gartenkräuter
1/4 l Gemüsebrühe
250 g Topfen
1 Bund Basilikum
150 g Sauerrahm
2 EL Schlagobers
Salz
Pfeffer
Balsamicoessig

Wirsingblätter in kochendem Wasser blanchieren, abschrecken und gut abtropfen lassen. Gemüse in Stäbchen schneiden, in zerlassener Butter glasig dünsten und abkühlen lassen. Eiklar steif schlagen und zusammen mit den Kräutern unter den Topfen rühren, mit Salz und Pfeffer abschmecken und dann die Wirsingblätter damit bestreichen.
Mit dem Gemüse belegen, zusammenrollen und in eine gebutterte Form legen.
Mit Gemüsebrühe aufgießen und im vorgeheizten Backrohr bei 180° C ca. 30 Minuten garen. Sauerrahm und Schlagobers verrühren, gehacktes Basilikum dazugeben, mit Salz, Pfeffer und Essig pikant abschmecken und zu den Wirsingrouladen reichen.

16. Mai

Räucherlachssalat   E

300 g Räucherlachs
1 EL Sauerrahm
1 EL Jogurt
2 Frühlingszwiebeln
1 TL Kapern
1 EL Zitronensaft
Salz, Pfeffer
2 Schalotten
1 EL Weißweinessig
etwas Senf
1 EL Olivenöl
200 g Blattsalate

200 g Räucherlachs mit Sauerrahm und Jogurt pürieren. 100 g Lachs und die geputzten Frühlingszwiebeln fein würfeln und mit den Kapern unter die Fischcreme heben. Mit Zitronensaft, Salz und Pfeffer würzen. Für die Salatsoße Schalotten fein würfeln, mit Essig, Senf, Salz, Pfeffer und Olivenöl verrühren und abschmecken. Salate waschen und mit der Marinade vermischen. Mit zwei Löffeln Nockerln aus der Lachsmasse formen und mit dem Blattsalat anrichten.

17. Mai

Spargel in Buttersoße   E

200 g weißer Spargel
Saft von 1/2 Zitrone
Wasser
2 Eidotter
200 g zerlassene Butter
Salz, weißer Pfeffer
Zitronensaft
Weißwein

Den Spargel schälen, in kochendem Wasser mit Salz und Zitronensaft nicht zu weich kochen, herausnehmen und abtropfen lassen. Für die Buttersoße die Eidotter über Dampf aufschlagen, vom Feuer nehmen, die zerlassene Butter unter ständigem Rühren nach und nach eintropfen lassen, mit Salz, Pfeffer, Zitronensaft und ein paar Tropfen Weißwein abschmecken.

Schnittlauchaufstrich   N

250 g Topfen
2 EL Jogurt
Salz, weißer Pfeffer
2 Knoblauchzehen
1 Bund Schnittlauch

Topfen und Jogurt miteinander verrühren und mit dem fein gehackten Knoblauch, Salz und Pfeffer würzen. Schnittlauch fein schneiden und einrühren.

18. Mai

Hühnerbrüstchen in grüner Soße   E

1 Zwiebel, 1 Karotte, 1 Stange Lauch
Petersilie
Liebstöckelkraut
Lorbeerblatt
1 TL Salz, Pfefferkörner
4 Hühnerbrüste
100 g Blattspinat
1 Bund Brunnenkresse
40 g Butter
100 g Schlagobers
1 1/2 EL Estragon, 1 1/2 EL Petersilie
Salz
Pfeffer

Die Zwiebel hacken, Karotte und Lauch in Scheiben schneiden und zusammen mit den Kräutern, dem Lorbeerblatt, dem Salz und den Pfefferkörnern in einen Topf geben, mit Wasser bedecken und auf kleiner Flamme langsam zum Kochen bringen. Sobald das Wasser kocht, die Hühnerbrüste dazugeben und auf kleiner Flamme zugedeckt etwa 35 Minuten köcheln. Dann die Fleischstücke herausnehmen, warm stellen und die Haut abziehen.
Die Spinatblätter und die Brunnenkresse im Sud kurz blanchieren, anschließend fein hacken, in einer Pfanne mit heißer Butter anschwitzen und mit etwas abgeseihter Hühnersuppe aufgießen. Mit dem Schlagobers aufgießen, mit Estragon, Petersilie, Salz und Pfeffer abschmecken und mit dem Mixstab pürieren. Hühnerbrüste zusammen mit der Soße anrichten.

19. Mai

Rohkostplatte   E

400 g rohes Gemüse: Kohlrabi, Sellerie, Zucchini, Karotten, ein Stück Lauch
Schnittlauch
Blattsalat zum Garnieren
Saft von 1 Zitrone, etwas Wasser
Salz, Salatöl

Alle Gemüsesorten werden gewaschen, geschält und in feine Streifen geschnitten. Blattsalat auf einem Teller anrichten und die Gemüsesorten abwechselnd darauf arrangieren. Mit Zitronenmarinade übergießen.

Mohnnudeln   K

500 g Kartoffeln
100 g Mehl
50 g Butter
2 Eidotter
etwas Salz
150 g Mohn, 50 g Honig
50 g Butter

Kartoffeln schälen und durch die Presse drücken, dann mit den restlichen Zutaten zu einem glatten Teig verarbeiten. Rollen formen, davon kleine Stücke abschneiden und mit der flachen Hand zu Nudeln "wuzeln". In reichlich kochendes Salzwasser einlegen und ziehen lassen. Abseihen und in einer Pfanne mit zerlassener Butter schwenken, gemahlenen Mohn darüberstreuen und Honig unterrühren.

20. Mai

Brot mit Mozzarella K

200 g Mozzarella
etwas Olivenöl
Cocktailtomaten, Frühlingszwiebeln
etwas Butter
Kräutersalz, Basilikum
Vollkornbrot

Mozzarella in Scheiben schneiden und mit dem Olivenöl beträufeln. Tomaten ebenfalls in Scheiben schneiden, Frühlingszwiebeln in Ringe schneiden. Brot mit Butter bestreichen, mit Mozzarella belegen und mit Kräutersalz würzen. Tomatenscheiben und Zwiebelringe darauflegen und mit Basilikumblättern garnieren.

Tomaten mit Tunfisch E

8 Tomaten
1 Dose Tunfisch
1 Zwiebel
1 EL Sardellenpaste
3 EL Sauerrahm, 200 g Jogurt
etwas Zitronenschale
1/2 TL frischer Oregano
Salz, Pfeffer
Kapern, Oliven, frischer Oregano

Für die Soße gut abgetropften Tunfisch, Zwiebel, Sardellenpaste, Sauerrahm, Jogurt, Zitronenschale und Oregano pürieren und würzen.
Tomaten in sehr dünne Scheiben schneiden, kreisförmig auf einer Platte anrichten und die Soße in die Mitte gießen. Mit Tunfisch, Kapern, Oliven und Oreganoblättchen garnieren.

21. Mai

**Rindslungenbraten
in Paprikasoße** E

500 g Rindslungenbraten
150 g Champignons
100 g Zwiebeln
Öl
Salz
Pfeffer
etwas Paprikapulver
1 Becher Creme fraiche
etwas Wasser

Rindslungenbraten in fingerdicke Streifen schneiden, Champignons blättrig schneiden und die Zwiebeln fein hacken. Fleisch mit Salz und Pfeffer würzen und in einer Pfanne mit heißem Öl auf allen Seiten kurz anbraten, aus der Pfanne nehmen und warm stellen. Zwiebeln und Champignons im Bratfett anbraten, mit Paprika würzen, mit etwas Wasser aufgießen und aufkochen. Die Creme fraiche einrühren und das Fleisch wieder einlegen.

22. Mai

Spargel mit Balsamicoessig E

1 kg weißer Spargel, 1 kg grüner Spargel
Salzwasser
130 g Butter
Salz, Pfeffer, 3 EL Balsamicoessig
3 Eier, 1 Bund Schnittlauch

Spargel schälen und in Salzwasser mit etwas Butter ca. 10 Minuten kochen. Die hartgekochten Eier schälen und würfeln, den Schnittlauch fein schneiden. Butter in einer Pfanne leicht bräunen und mit Balsamicoessig, Salz und Pfeffer verrühren. Den Spargel abtropfen lassen, mit Ei und Schnittlauch bestreuen und mit der heißen Butter begießen.

Tomatensuppe mit grünen Bohnen E

1 EL Olivenöl
2 Zwiebeln
1 kg Tomaten
3 Knoblauchzehen
1 l Gemüsebrühe
Salz, Pfeffer
300 g grüne Bohnen
Basilikumblätter
1 EL Petersilie, Thymian, Lorbeerblatt

Tomaten schälen und würfelig schneiden, Zwiebeln ebenfalls. In einem Topf Öl erhitzen, die Zwiebeln glasig andünsten, die Tomaten, die Knoblauchzehen, Lorbeerblatt und Thymian dazugeben und mit Gemüsebrühe aufgießen. Mit Salz und Pfeffer abschmecken und aufkochen, die grünen Bohnen und das Basilikum dazugeben und auf kleiner Flamme ca. 30 Minuten köcheln lassen. Vor dem Servieren mit gehackter Petersilie bestreuen.

23. Mai

Gemüseauflauf mit Faschiertem E

500 g gemischtes Faschiertes
1 EL Öl
3 EL Sojasauce
Pfeffer
Paprikapulver
1 Knoblauchzehe
500 g grüne Bohnen
2 Karotten
Salz
6 Tomaten
150 g Gouda

Faschiertes in heißem Öl anbraten, mit Sojasauce, Pfeffer, Paprika und zerdrückter Knoblauchzehe würzen. Bohnen brechen, Karotten in Scheiben schneiden, in wenig Salzwasser zum Kochen bringen und 10 Minuten garen.
Tomaten in Scheiben schneiden. Karotten, Bohnen und Faschiertes in eine gefettete Auflaufform schichten, mit Tomatenscheiben belegen, mit geriebenem Käse bestreuen und im Backofen bei 200° C überbacken.

24. Mai

Kartoffeln mit Kräutertopfen K

1,5 kg Kartoffeln
250 g Topfen
150 g Sauerrahm
Salz, Pfeffer
1 Knoblauchzehe
Schnittlauch, Petersilie, Dille

Kartoffeln in reichlich Salzwasser kochen und abseihen.
Topfen mit dem Sauerrahm glattrühren, salzen, pfeffern und mit den gehackten Kräutern gut verrühren.

Putenschnitzel auf Gemüseallerlei E

4 Putenschnitzel
Salz, Pfeffer
Öl zum Anbraten
150 g Karfiol
150 g Karotten
150 g Kohlrabi
150 g Kohlsprossen
Butter
1 Knoblauchzehe
frische Kräuter

Die Putenschnitzel leicht klopfen, mit Salz und geschrotetem Pfeffer würzen und in einer Pfanne mit heißem Öl anbraten.
Das Gemüse putzen, waschen, in gefällige Stücke schneiden und in Salzwasser aufkochen. Aus dem Wasser nehmen, abtropfen lassen, in Knoblauchbutter schwenken und mit den gehackten Kräutern bestreuen.

25. Mai

Kartoffelauflauf mit Kohlrabi K

600 g Kartoffeln
2 Kohlrabi
1 Bund Frühlingszwiebeln
1/4 l Gemüsebrühe
200 g Mozzarella
250 g Schlagobers
50 g geriebener Mozzarella
Pfeffer, Muskatnuss

Die gekochten Kartoffeln noch heiß schälen und in dicke Scheiben schneiden.
Geschälten Kohlrabi und Frühlingszwiebeln in dünne Scheiben schneiden und in der Gemüsebrühe dünsten.
Kartoffeln abwechselnd mit Kohlrabi und Frühlingszwiebeln dachziegelförmig in eine ausgefettete Auflaufform schichten, in Scheiben geschnittenen Mozzarella darauf verteilen.
Schlagobers, geriebenen Mozzarella, Pfeffer und Muskatnuss verrühren, über den Auflauf gießen und im Backrohr bei 200° C überbacken.

26. Mai

Wirsingrouladen mit Champignons N

1 Wirsing
Salz, Pfeffer
400 g Champignons
2 Schalotten
20 g Butter
50 ml Schlagobers
1 Bund Petersilie
30 g Butter
1/4 l Gemüsebrühe
150 g Creme fraiche
Muskatnuss

4 große Wirsingblätter ablösen, kurz in Salzwasser blanchieren, kalt abschrecken. Blättrig geschnittene Champignons und würfelig geschnittene Schalotten in heißer Butter kurz andünsten, würzen, das Schlagobers einrühren, nochmals aufkochen und die gehackte Petersilie einstreuen. Die Füllung auf die Wirsingblätter verteilen, einrollen und mit einem Bindfaden zusammenbinden. Im heißen Fett anbraten und anschließend herausnehmen. Restlichen Wirsing klein schneiden und in die Pfanne geben, würzen, mit Gemüsebrühe aufgießen, die Rouladen dazugeben und zugedeckt bei geringer Hitze ca. 30 Minuten schmoren. Herausnehmen, Creme fraiche zum Gemüse geben und nochmals abschmecken.

27. Mai

Gemüsesuppe nach Art des Hauses K

500–600 g Gemüse (Karotten, Sellerie, Kohlrabi, Kartoffeln...)
1 Zwiebel
Butter, 2 EL Mehl
1 l Wasser
Salz, Pfeffer
Majoran, Muskatnuss, Petersilie

Das Gemüse putzen und würfelig schneiden, die Zwiebel fein schneiden und zusammen mit dem Gemüse in etwas Butter anrösten. Das Mehl dazugeben und so lange weiterrösten, bis das Mehl eine leicht braune Farbe hat, dann mit dem Wasser aufgießen. Aufkochen lassen, mit Salz, Pfeffer, Majoran und Muskatnuss würzen und die Suppe so lange ziehen lassen, bis das Gemüse bissfest ist. Mit gehackter Petersilie bestreuen.

Topfencreme mit Erdbeeren E

250 g Topfen
250 g Jogurt
1/8 l Schlagobers
250 g Erdbeeren

Topfen und Jogurt schaumig rühren, das geschlagene Obers unterziehen und mit frischen Erdbeeren nett anrichten.

28. Mai

Lammfilet mit Roquefort E

1 Lammrücken
Rosmarin
Thymian
Salz, Pfeffer
etwas Öl
4 Schalotten
1 Karotte
1 kleine Sellerieknolle
1 Stange Lauch
etwas Gemüsebrühe
400 g Schlagobers
100 g Roquefort

Lammrücken mit Kräutern einreiben und mit Salz und Pfeffer würzen. Öl erhitzen und Rücken gut darin anbraten. Im vorgeheizten Backrohr bei 220° C etwa 20 Minuten braten, dabei mehrmals mit Fett begießen, herausnehmen und warm stellen. Schalotten, Karotte, Sellerie und Lauch in kleine Stücke schneiden und im Bratfett anschwitzen. Mit Gemüsebrühe ablöschen, Schlagobers dazugeben und etwas einkochen lassen. Blauschimmelkäse fein würfeln, in die Soße einrühren und einmal aufkochen lassen.

29. Mai

Salat mit Ziegenkäse E

1 Blattsalat, 100 g Salatgurke, 1 Tomate
80 g Zwiebeln
6–8 Oliven
100 g Ziegenkäse
1/8 l verdünnter Kräuteressig
1/16 l Olivenöl, Salz
Salatkräuter (Schnittlauch, Kerbel, Kresse...)

Blattsalat waschen und abtropfen lassen, Salatgurke schälen, entkernen und blättrig schneiden, Tomate waschen und achteln, Zwiebeln schälen und in Ringe schneiden und alles mit der Salatmarinade gut vermischen. Den Ziegenkäse in kleine Würfel schneiden und den Salat damit belegen. Mit den Oliven garnieren.

Fischsuppe mit Tomate E

1 l Wasser
1 kleine Zwiebel, 1 kleine Tomate
1 Stange Lauch, 1 Karotte
Salz
1 grüne Paprikaschote
etwas Butter
2 kleine Zanderfilets
2 EL Schlagobers
frische Kräuter

Zwiebel, Lauch, Karotte, Tomate und Paprika fein schneiden, in etwas Butter leicht anrösten, mit dem Wasser aufgießen, kurz aufkochen lassen und dann pürieren. Mit Salz abschmecken, die Fischfilets in kleine Stücke schneiden, in die fertige Suppe einlegen und ca. 10 Minuten ziehen lassen. Mit dem Schlagobers verfeinern und die gehackten Kräuter einstreuen.

30. Mai

Spargelsalat E

750 g Spargel
Salz, Pfeffer
1 TL Butter
150 g Rohschinken
3 hartgekochte Eier
3 EL Weinessig
1 TL Sojasoße
Zitroneschale
6 EL Öl
1 EL gehackte Petersilie
1 EL Schnittlauch
1 EL Dille
4 Salatblätter

Spargel schälen, in 3-4 cm lange Stücke schneiden, in Salzwasser mit etwas Butter ca. 15 Minuten kochen, gut abtropfen lassen. Schinken in feine Streifen schneiden, Eier achteln. Aus Essig, Salz, Sojasoße, Pfeffer und Zitronenschale eine Salatsoße rühren und zuletzt Öl und Kräuter dazugeben. Eine Schüssel mit Salatblättern auslegen, Spargel, Schinken, Eier und Kräuter einschichten und mit der Salatsoße begießen.

31. Mai

Lachsragout mit Kohlrabi E

500 g Lachsfilet
400 g Kohlrabi
Schnittlauch
3 EL Weißwein
3 EL Bouillon
4 EL Frischkäse
Salz, Pfeffer, Currypulver
1 EL Butter

Lachsfilet in kleine Würfel schneiden. Kohlrabi ebenfalls würfelig schneiden und in kochendem Salzwasser kurz blanchieren. Weißwein und Bouillon kurz aufkochen, um die Hälfte reduzieren, Frischkäse einrühren und mit Salz, Pfeffer und Curry würzen.
Geschnittenen Schnittlauch einrühren und pürieren. Lachswürfel mit Salz und Pfeffer würzen, in einer Pfanne mit heißem Öl kurz braten, dann die Kohlrabiwürfel ebenfalls goldgelb braten. Beides auf einem Teller anrichten und mit der Soße übergießen.

Rucola-Salat E

1 Bund Rucola
1 TL Senf
2 EL Balsamicoessig
4 EL Olivenöl
Salz
Pfeffer

Rucola waschen und zerpflücken, auf einem Teller anrichten. Olivenöl, Balsamicoessig, Senf, Salz und Pfeffer verrühren und über den Salat gießen.

1. Juni

Hühnerfilet auf Bohnengemüse E

125 g Karotten
150 g grüne Bohnen
200 g Hühnerfilet
Salz
Zitronenpfeffer
10 g Butter
1/8 l Hühnersuppe
5 EL Weißwein
Petersilie
15 g Butter

Karotten und Bohnen in kleinere Stücke schneiden und in wenig Salzwasser zugedeckt 15 Minuten dünsten. Hühnerfilet mit Salz und Pfeffer würzen, in einer Pfanne mit zerlassener Butter beidseitig kurz anbraten, mit Hühnersuppe und Weißwein aufgießen und 1–2 Minuten köcheln lassen. Mit Salz und Pfeffer abschmecken. Gemüse abtropfen lassen, mit zerlassenem Butter beträufeln, mit gehackter Petersilie bestreuen und mit den Hühnerfilets anrichten.

Nussgebäck K

3 Eidotter
100 g Zucker oder Honig
120 g Dinkelvollmehl
100 g Rosinen
250 g Nüsse

Eidotter und Zucker oder Honig schaumig rühren und Dinkelmehl, Rosinen und grob gehackte Nüsse einrühren. Die Masse auf ein mit Backpapier belegtes Blech streichen und bei 180 ° C goldbraun backen.

2. Juni

Gemüsepfanne mit Hirse K

200 g Hirse
ca. 1/2 l Gemüsebrühe
400 g Kartoffeln
500 g Karotten
400 g grüne Bohnen
3 EL Öl
2 Zwiebeln
Salz, Pfeffer, Rosmarin
2 EL Koriander
1 Bund Basilikum

Hirse in der Gemüsebrühe kochen und ausquellen lassen. Die Kartoffeln und Karotten würfelig schneiden, die Bohnen in 4 cm lange Stücke schneiden und in kochendem Salzwasser kurz blanchieren. Die fein geschnittenen Zwiebeln in Öl anrösten, die Kartoffeln und die Karotten dazugeben, mit etwas Gemüsebrühe aufgießen und köcheln lassen. Mit Salz, Pfeffer und Rosmarin würzen. Wenn das Gemüse bissfest ist, die Bohnen und die Hirse unterrühren und mit frisch gehacktem Koriander und Basilikum bestreuen.

Eistee E

20 Blätter Zitronenmelisse
1 l Wasser
6 EL Limettensaft

Melissenblätter mit kochendem Wasser überbrühen und ca. 15 Minuten ziehen lassen. Blätter abseihen und den Tee auskühlen lassen. Tee und Limettensaft vermischen, Eiswürfel dazugeben und servieren.

3. Juni

Gemüsesalat mit Koriander E

6 Stangen grüner Spargel
6 Stangen weißer Spargel
3 Karotten
250 g Broccoli
1 Stange Lauch
4 Stangen Staudensellerie
2 Tomaten
Brunnenkresse
4 EL Weinessig
1 TL Senf
1 EL frischer Koriander
Salz, Pfeffer
6 EL Olivenöl

Spargel und Karotten schälen und in 5 cm lange Stücke teilen. Die Karotten auch der Länge nach halbieren, die Broccoli in Röschen teilen.
Das Gemüse kurz in kochendem Salzwasser blanchieren und mit kaltem Wasser abschrecken. Lauch, Staudensellerie und Tomaten schneiden und alles in eine Salatschüssel geben. Aus Essig, Öl, Senf, Salz und Pfeffer eine Marinade rühren und über den Salat gießen. Mit Koriander und Brunnenkresse bestreuen.

4. Juni

Kartoffeltaschen mit Speck   K

400 g glattes Mehl
100 g Roggenmehl
etwas Salz
gemahlener Kümmel
heißes Wasser
Fett
300 g gekochte Kartoffeln
100 g Topfen
80 g Speck
80 g Zwiebeln
Butter
frisch gehackte Kräuter
Salz, Pfeffer
Muskatnuss

Mehl, Salz und Kümmel vermischen, mit kochendem Wasser rasch zu einem festen Teig verarbeiten und gut durchkneten. Ausrollen und in Vierecke schneiden. Speck und Zwiebeln in Butter anrösten und zu den fein geriebenen Kartoffeln geben. Den Topfen, die Gewürze und die Kräuter ebenfalls einrühren. Die Fülle auf die Vierecke setzen, den Rand mit Wasser bestreichen, zusammenschlagen und festdrücken.
In heißem Fett schwimmend herausbacken und auf Küchenpapier abtropfen lassen.

5. Juni

Kräuterbutter   N

250 g Butter
100 g frische Kräuter
Salz
3 Knoblauchzehen
Pfeffer

150 g zimmerwarme Butter schaumig schlagen, die restliche Butter zusammen mit den fein gehackten Kräutern in einer Pfanne nicht zu heiß anrösten. Den Knoblauch dazupressen und mit Salz und Pfeffer würzen.
Die Kräutermischung auskühlen lassen, dann langsam in die aufgeschlagene Butter einrühren und durchziehen lassen. Noch einmal abschmecken.

Gestürzte Oberscreme   K

500 g Schlagobers
1 Vanilleschote
50 g Honig
2 Gelatineblätter
Karamelsirup

Gelatine in Wasser einweichen. Schlagobers in einen Topf geben, Mark aus der Vanilleschote herauskratzen und zusammen mit der ganzen Schote und dem Honig zum Obers geben. Langsam erhitzen, etwa 15 Minuten leicht köcheln lassen, Vanilleschote herausnehmen. Gelatineblätter dazugeben und unter Rühren auflösen. In kleine, kalt ausgespülte Schalen füllen und im Kühlschrank 3-4 Stunden erstarren lassen. Oberscreme auf Dessertteller stürzen und nach Belieben mit Karamelsirup garnieren.

6. Juni

Kohlrabisuppe K

500 g Kohlrabi
1 Zwiebel
Butter
2 EL Mehl
1 l Wasser
Salz, Pfeffer, Majoran
etwas Muskatnuss
1/8 l Schlagobers

Kohlrabi schälen, würfelig schneiden und zusammen mit der fein geschnittenen Zwiebel in etwas Butter anrösten. Mit dem Mehl stauben, mit Wasser aufgießen und aufkochen, die Gewürze beifügen.
Die Hälfte der Kohlrabiwürfel aus der Suppe nehmen und das Obers einrühren. Noch ca. 5 Minuten köcheln lassen und dann pürieren. Die Kohlrabiwürfel nach dem Aufschäumen wieder dazugeben.

Tunfischsalat E

1 Dose Tunfisch in Öl
2 hartgekochte Eier
1 Apfel
1 Zwiebel
Zitronensaft
150 g Sauerrahm

Den Tunfisch gut abtropfen lassen, Eier in Scheiben, Apfel und Zwiebel in Würfel schneiden, mit dem Zitronensaft marinieren und den Sauerrahm vorsichtig unterziehen.

7. Juni

Risotto mit Gemüse K

1 Zwiebel
1 Knoblauchzehe
4 EL Öl
200 g Langkornreis
1/2 l Gemüsebrühe
150 g grüne Bohnen
2 Zucchini
1 rote Paprikaschote
150 g Champignons
Salz, Pfeffer, Petersilie

Zwiebel und Knoblauch fein schneiden, in einer Pfanne mit heißem Öl glasig dünsten. Den Reis einstreuen und unter Rühren leicht anrösten. Mit der Gemüsebrühe aufgießen, zum Kochen bringen und auf kleiner Flamme ausquellen lassen. Bohnen in 2 cm lange Stücke schneiden, in etwas Salzwasser 15-20 Minuten garen, würfelig geschnittene Zucchini und Paprika sowie halbierte Champignons in 1/4 l Salzwasser 2-3 Minuten blanchieren
Wenn der Reis körnig gekocht ist, Gemüse und Pilze unterheben, mit Salz und Pfeffer abschmecken und mit gehackter Petersilie bestreuen.

8. Juni

Spargel mit Ziegenkäse   K

800 g grüner Spargel
125 ml Gemüsebrühe
Butter
Zucker
1 Zwiebel
etwas Butter
1 Bund Kerbel
200 g Ziegenkäse
2 EL Brotbrösel
Salz, Pfeffer

Den Spargel schälen und in Salzwasser mit etwas Zucker und Butter ca. 15 Minuten garen, anschließend in kaltem Wasser abschrecken und abtropfen lassen.
Die Zwiebel in einer Pfanne mit etwas Butter anschwitzen, den Spargel dazugeben, rundum anbraten, mit Gemüsebrühe aufgießen und restlos einkochen lassen. Mit Salz und Pfeffer würzen, mit Kerbel bestreuen, in eine gebutterte Auflaufform legen, dünn geschnittenen Ziegenkäse darauf verteilen und Brotbrösel darüberstreuen. Im heißen Backrohr ca. 15 Minuten überbacken.

9. Juni

Karottengemüse mit Zuckerschoten   N

500 g Karotten
500 g Zuckerschoten
30 g Butter
Salz, Pfeffer
1/8 l Gemüsebrühe
200 g Rohschinken
1 Bund Basilikum

Karotten in dünne Scheiben schneiden, in zerlassener Butter andünsten, mit Salz und Pfeffer würzen. Zuckerschoten und Gemüsebrühe dazugeben und ca. 10 Minuten dünsten. Schinken würfelig schneiden, zum Gemüse geben und mit in Streifen geschnittenen Basilikumblättern bestreuen.

Marillenknödel   K

500 g Kartoffeln
40 g Grieß
150 g Mehl
3 Eidotter
Salz
Butter, Brösel
getrocknete Marillen
Staubzucker

Die Trockenmarillen, sofern sie nicht ohnehin weich sind, in etwas Wasser einweichen. Gekochte Kartoffeln durch die Presse drücken, mit Mehl, Salz, Eidottern und dem Grieß rasch zu einem Teig verarbeiten. Den Teig zu einer Rolle formen, in Scheiben schneiden, diese jeweils mit Trockenmarillen belegen, den Teig einschlagen und Knödel formen. In leicht wallendes Salzwasser einlegen und ca. 15 Minuten ziehen lassen. In Butterbrösel wälzen und mit Staubzucker bestreuen.

10. Juni

Omelette mit Käse   E

3 Eier
Salz, Pfeffer
etwas Milch
100 g Käse
Butter
Schnittlauch

Eier gut versprudeln, mit Salz und Pfeffer würzen, die Milch dazugeben und in eine Pfanne mit zerlassener Butter eingießen. Den würfelig geschnittenen Käse dazugeben, dann zusammenschlagen, zugedeckt ausbacken und mit viel Schnittlauch bestreuen.

Bohnengemüse   E

500 g grüne Bohnen
etwas Salz
Pfeffer
1 Zwiebel
2 Äpfel
3 Birnen
50 g Butter
etwas Bohnenkraut
ca. 1/8 l Schlagobers

Die Bohnen waschen, putzen und im Ganzen in kochendem Salzwasser kurz blanchieren. Abschrecken und in 2 cm lange Stück schneiden. Die Zwiebel würfelig schneiden, die Äpfel und Birnen schälen und in schmale Spalten schneiden. Die Zwiebel in Butter glasig dünsten, die Bohnen mit dem Bohnenkraut unterrühren und die Äpfel und Birnen ebenfalls dazugeben. Das Schlagobers einrühren und leicht köcheln lassen, bis die Bohnen bissfest sind.

11. Juni

Wurstsalat mit Sellerie   E

250 g Extrawurst
100 g Emmentaler
400 g Staudensellerie
2 grüne Paprikaschoten
3 Schalotten
1 Knoblauchzehe
1 EL Apfelessig
Salz
Pfeffer
2 EL Olivenöl
1 Bund Schnittlauch
1 hartgekochtes Ei

Wurst und Emmentaler in Stifte schneiden, Staudensellerie waschen in Scheiben schneiden, Paparikaschoten würfeln. Schalotten und Knoblauch fein hacken, mit Essig, Salz und Pfeffer verrühren und das Öl unterschlagen. Schnittlauch klein schneiden, das Ei schälen und achteln. Alle Zutaten vermischen, die Marinade darübergießen, mit dem Schnittlauch bestreuen und mit den Eiachteln belegen.

12. Juni

Schweinsmedaillons mit Gemüse   E

8 Schweinsmedaillons
1 EL Butter
1 rote Paprikaschote
1 gelbe Paprikaschote
500 g Karotten
40 g Butter
50 ml Wasser
Salz
Pfeffer
Koriander

Paprika in breite Streifen schneiden, Karotten der Länge nach vierteln, in einer Pfanne mit zerlassener Butter kurz anschwitzen, mit Wasser aufgießen und zugedeckt ca. 15 Minuten garen. Mit Salz, Pfeffer und Koriander abschmecken. Schweinsmedaillons pfeffern und im heißen Fett ca. 5 Minuten braten. Salzen.

Spargel mit Butter und Schnittlauch   K

1 kg Kartoffeln
Salz
2 kg weißer Spargel
150 g Butter
1 Bund Schnittlauch

Kartoffeln waschen und mit der Schale kochen. Spargel schälen, Enden abschneiden und in leicht kochendem Salzwasser ca. 15 Minuten kochen. Spargel mit zerlassener Butter übergießen, mit Schnittlauch bestreuen und mit den geschälten Kartoffeln servieren.

13. Juni

Hubertusschnitzel   E

400 g Schweinsschopf
Salz
Pfeffer
2 Knoblauchzehen
etwas Senf
150 g Speck
100 g grüne Bohnen
80 g Zwiebeln
Butter
1 Tomate
80 g Champignons
Petersilie
Öl

Die grünen Bohnen in Salzwasser kochen, abseihen und mit kaltem Wasser abschrecken. Das Fleisch in Scheiben schneiden, leicht klopfen und mit Salz, Pfeffer, fein geschnittenem Knoblauch und etwas Senf würzen. In einer Pfanne mit heißem Öl auf beiden Seiten gut anbraten. Zwiebeln und Speck fein schneiden und zusammen mit den blättrig geschnittenen Champignons in etwas Butter gut anrösten.
Die Tomate schälen, entkernen, fein schneiden und kurz vor dem Servieren gemeinsam mit den abgetropften Bohnen dazugeben und mitrösten. Die Bohnen und die Schnitzel gemeinsam anrichten und mit gehackter Petersilie bestreuen.

14. Juni

Radieschensuppe   K

1 EL Butter, 1 TL Mehl
1 Tasse Gemüsebrühe
1 Tasse Schlagobers
1 Bund Radieschen
1/8 l Creme fraiche
Brunnenkresse
Salz, Pfeffer

Butter erhitzen, Mehl einrühren, mit Gemüsebrühe und Obers aufgießen und kurz aufwallen lassen. Gehobelte Radieschen dazugeben und auf kleiner Flamme ziehen lassen. Mit Salz, Pfeffer und Brunnenkresse verfeinern und die Creme fraiche einrühren.

Artischocken in Zitronensoße   E

2 Artischocken
3 Eidotter
etwas Zitronensaft
1/8 l Weißwein
100 g Butter
etwas abgeriebene Zitronenschale
Pfeffer, Salz

Die Blattspitzen der Artischocken abtrennen und den Stiel am Blattansatz abschneiden. Anschließend in Salzwasser weichkochen und dann mit kaltem Wasser abschrecken. Die Eidotter und den Wein über dem Wasserbad schaumig schlagen, vom Herd nehmen, Zitronensaft und -schale einrühren. Die geschmolzene und abgekühlte Butter unterrühren und mit Salz und Pfeffer abschmecken.

15. Juni

Beiried mit Speckbohnen   E

400 g Beiried
Rosmarin
Öl
300 g grüne Bohnen
6 Scheiben geräucherter Bauchspeck
Salz, Pfeffer
Bohnenkraut
Knoblauch

Die grünen Bohnen in Salzwasser kochen, kalt abschwemmen, mit Salz, Pfeffer, Bohnenkraut und Knoblauch würzen und mehrere Bohnen zusammen mit einer Scheibe Speck umwickeln.
Die Beiriedschnitten leicht klopfen, mit Salz, Pfeffer und etwas Rosmarin würzen, in einer Pfanne mit heißem Öl auf beiden Seiten rasch anbraten und bei kleinerer Hitze fertiggaren (Beiried sollte innen noch rosa sein). Kurz vor dem Fertigstellen die eingerollten Bohnen mitbraten.

16. Juni

Frühlingsgemüseauflauf E

1 Bund Petersilie
4 Karotten
400 g Zuckerschoten
2 EL Butter
Zitronenschale und -saft
Salz, Pfeffer
2 EL Kapern
250 g Mozzarella
frischer Thymian und Rosmarin
1 TL Walnussöl

Karotten würfeln und Zuckerschoten putzen. Butter erhitzen, Karotten, Zitronenschale und -saft darin ca. 8 Minuten dünsten und die Zuckerschoten zugeben, ca. 3 Minuten bei schwacher Hitze mitdünsten. Mit Salz und Pfeffer abschmecken, gehackte Petersilie und Kapern dazugeben, alles in eine feuerfeste Form füllen. Mozzarella würfeln, Kräuter hacken, mit dem Öl verrühren, mit Salz und Pfeffer würzen und das Gemüse damit bedecken. Im Rohr bei 200° C ca. 15 Minuten überbacken.

17. Juni

Mozzarellaspießchen N

200 g Mozzarella
Cocktailtomaten
Basilikum
Salz, Pfeffer
Zahnstocher

Mozzarella in Würfel schneiden, salzen und pfeffern. Cocktailtomaten waschen, Basilikumblätter ebenfalls waschen und trockentupfen. Jeweils einen Mozzarellawürfel, eine Cocktailtomate und ein Basilikumblatt auf einen Zahnstocher stecken.

Karfiolsuppe K

600 g Karfiol
1 Zwiebel
Butter
1 l Suppe
Salz, Pfeffer, Salbei
etwas Suppenwürze
1 EL Mehl
etwas Schlagobers

Die Zwiebel fein schneiden, mit der Butter anrösten, den geschnittenen Karfiol dazugeben und mitrösten. Mit dem Mehl stauben und kurz weiterrösten. Mit Suppe aufgießen und aufkochen lassen. Mit Salz, Pfeffer, Salbei und Suppenwürze würzen, pürieren und mit dem Schlagobers verfeinern.

18. Juni

Rindfleischsalat mit Käse   E

400 g gekochtes Rindfleisch
1/2 Salatgurke
1 Stange Lauch
2 Bund Radieschen
100 g Edelpilzkäse
200 g Schlagobers
2 EL Weinessig
1 EL Öl
1/2 TL Zitronenschale
Salz, Pfeffer
1 Bund Schnittlauch

Rindfleisch in dünne Streifen schneiden, Salatgurke schälen und in dünne Scheiben, Lauch in dünne Ringe schneiden. Radieschen fein schneiden und die Hälfte des Käses grob zerbröckeln. Alle Zutaten in eine Schüssel geben und vorsichtig vermischen. Restlichen Käse mit einer Gabel zerdrücken, Schlagobers, Essig und Öl dazugießen und alles gut verrühren. Mit Zitronenschale, Salz und reichlich Pfeffer würzen. Marinade mit dem Salat vermengen und ca. 2 Stunden ziehen lassen, zuletzt mit Schnittlauch bestreuen.

19. Juni

Spinatsalat mit Äpfeln und Nüssen   E

200 g Blattspinat
3 Äpfel
1 Schalotte
2 hartgekochte Eier
3 EL Erdnusskerne
250 g Sauerrahm
2 EL Creme fraiche
Salz, Pfeffer
etwas Currypulver

Den Spinat waschen, Äpfel in Stifte schneiden, die Schalotte in Streifen schneiden. Die Eier klein würfeln, die Erdnüsse grob hacken. Sauerrahm, Creme fraiche, Salz, Pfeffer und Curry gut verrühren. Spinatblätter, Äpfel und Schalotte mit der Salatsoße gut vermischen und mit den Eiern und Erdnüssen bestreuen.

Spargel mit Salbeibutter   N

1,2 kg weißer Spargel
800 g grüner Spargel
2 TL Salz
220 g Butter
10 frische Salbeiblätter
50 g Rohschinken
Pfeffer

Weißen Spargel schälen, Enden abschneiden, beim grünen Spargel nur die Enden abschneiden. In zwei Töpfen mit Salzwasser und etwas Butter getrennt kochen. Restliche Butter zerlassen, Salbeiblätter in 1 EL Butter anbraten, dann die restliche Butter zugießen.
Schinken in schmale Streifen schneiden, dazugeben, salzen, pfeffern und mit dem Spargel servieren.

20. Juni

Tomatensoße mit Kohlrabi E

300 g Tomaten
50 g Zwiebeln
2 Knoblauchzehen
100 g Kohlrabi
Butter
1 TL Tomatenmark
Salz, Pfeffer
Salbei, Majoran
Wasser zum Aufgießen

Kohlrabi, Zwiebeln und Knoblauch fein schneiden und in Butter anrösten, etwas Tomatenmark dazugeben, mit Wasser aufgießen und leicht dünsten, bis der Kohlrabi weich ist. Die geschälten, entkernten und gehackten Tomaten dazugeben, mit Salz, Pfeffer, Salbei und Majoran würzen, nochmals kurz aufkochen.

Melone mit Schinken N

1 kleine Honig-, Zucker- oder Netzmelone
etwas Wacholderschnaps
8 Blatt Rohschinken

Melone in Spalten schneiden, diese von der Schale und den Kernen befreien und leicht mit Wacholderschnaps marinieren. Die Melonenspalten mit den Schinkenscheiben auf einem Teller anrichten.

21. Juni

Grüne Bohnen mit Speck K

800 g grüne Bohnen
1 Zwiebel
Fett
1 Knoblauchzehe
Paprikapulver
Salz
30 g Speck
etwas Wasser
200 ml Sauerrahm
1 EL Mehl

Bohnen in leicht gesalzenem Wasser blanchieren, kalt abschrecken. Inzwischen Zwiebel in Fett dünsten, würfelig geschnittenen Speck dazugeben und anrösten, mit Paprika und Salz würzen. Mit etwas Wasser aufgießen und dünsten. Den Knoblauch zerdrücken, einrühren und dann die grünen Bohnen dazugeben. Sauerrahm mit Mehl verrühren und die Bohnen damit eindicken, kurz aufkochen.

22. Juni

Zucchininockerln K

400 g Vollkornmehl
4 Eidotter
3/16 l Wasser
1 EL Öl
Salz, Pfeffer
Salzwasser zum Kochen
1 Zwiebel
Butter
1 Knoblauchzehe
200 g Zucchini
1 Karotte
1/8 l Sauerrahm
1 EL Mehl

Mehl, Eidotter, Wasser, Öl und Salz zu einem mittelfesten Teig vermengen, diesen mit dem Nockerlsieb in kochendes Salzwasser einarbeiten. Aufkochen lassen und abseihen. Die Zwiebel fein schneiden, und in einer Pfanne mit Butter anrösten, die grob geraffelten Zucchini und die Karotte dazugeben und mitrösten. Mit Salz, Pfeffer und Knoblauch würzen, den Sauerrahm mit dem Mehl glattrühren und in die Zucchinisoße einrühren.

Erdbeersekt E

250 g Erdbeeren
4 Gläser Sekt

Erdbeeren pürieren und mit dem Sekt aufgießen. Ein paar Erdbeeren vierteln und dazugeben.

23. Juni

Bandnudeln mit Gemüsesoße K

400 g Bandnudeln (Vollkorn)
Salzwasser
1 Zwiebel
500 g Broccoli
250 g Karotten
1 EL Butter
Salz
Pfeffer
500 ml Gemüsebrühe
150 g Sauerrahm
1 TL Mehl

Die Nudeln in Salzwasser kochen.
Die Zwiebel und die Karotten fein würfeln, die Broccoli in Röschen teilen und alles zusammen in einem Topf in der heißen Butter anrösten, mit der Gemüsebrühe aufgießen und mit Salz und Pfeffer würzen.
Leicht köcheln lassen, die Hälfte des Gemüses beiseite geben und den Rest pürieren. Den Sauerrahm mit dem Mehl glattrühren und unter die pürierte Soße rühren, das restliche Gemüse dazugeben und mit den Nudeln servieren.

24. Juni

Hühnerbrüstchen mit Lauchfüllung E

4 Hühnerbrüste
4 TL Sojasoße
Pfeffer
350 g Lauch
60 g Zwiebeln
30 g Butter
50 g Creme fraiche
30 g Parmesan
1 Ei
30 g Butter
1/8 l Weißwein
125 g Schlagobers
Salz

Hühnerbrüstchen leicht klopfen, mit Sojasoße und Pfeffer würzen.
Lauch in dünne Ringe schneiden, in heißer Butter glasig dünsten, Creme fraiche und Parmesan, zuletzt das Ei einrühren.
Die Masse auskühlen lassen, auf die Hühnerbrüstchen verteilen, zusammenklappen und mit Zahnstochern fixieren.
Die Hühnerbrüstchen in eine Pfanne mit heißer Butter legen, die würfelig geschnittenen Zwiebeln dazugeben, anbraten, mit Weißwein aufgießen und zugedeckt ca. 20 Minuten garen. Zuletzt das Obers einrühren, nochmals aufkochen und mit Salz abschmecken.

25. Juni

Grüne Bohnen mit Parmesan E

1 kg grüne Bohnen
etwas Öl
4 Tomaten
1 Zwiebel
2 Knoblauchzehen
Salz, Pfeffer
100 ml Wasser
50 g Parmesan

Bohnen putzen, waschen, in Salzwasser blanchieren und kalt abschrecken. Grob gehackte Zwiebel in heißem Öl anrösten, die würfelig geschnittenen Tomaten und den zerdrückten Knoblauch dazugeben, mit dem Wasser aufgießen und mit den Gewürzen abschmecken. Auf kleiner Flamme ziehen lassen, bis die Bohnen bissfest sind, dann vom Herd nehmen und mit Parmesan bestreuen.

Fruchtsalat E

4 Kiwi
400 g Erdbeeren
5 EL Orangensaft
Walnüsse

Kiwi schälen und in Scheiben schneiden. Erdbeeren waschen und halbieren, beides in einer Schüssel vermischen, mit dem Orangensaft beträufeln und mit den gehackten Walnüssen bestreuen.

26. Juni

Melonensalat mit Mozzarella   E

50 g Mandelstifte
500 g Wassermelone
500 g Netzmelone
250 g Mozzarella
2 EL Wasser
3 EL Obstessig
Salz
6 EL Öl
1 Bund Schnittlauch

Mandelstifte in einer trockenen Pfanne rösten. Melonen entkernen, schälen und quer in Scheiben schneiden, Mozzarella ebenfalls in dünne Scheiben schneiden. Melonen- und Käsescheiben auf Tellern anrichten. Wasser mit Essig, Salz und Öl verrühren, auf die Melonen träufeln, Schnittlauch und Mandelstifte über den Salat streuen.

Grahamweckerl mit Rahmbrie   K

2 Grahamweckerln
Butter
1 Salatgurke
150 g Rahmbrie
Dille

Grahamweckerln halbieren und alle Hälften mit Butter bestreichen. Die Salatgurke gut waschen und in dünne Scheiben schneiden, Käse ebenfalls in Scheiben schneiden. Die Weckerln mit Gurkenscheiben, dann mit Käse belegen und zuletzt mit gehackter Dille bestreuen.

27. Juni

Nudelsalat   K

2 Tomaten
100 g Erbsen
100 g Karotten
200 g Vollkornnudeln
Schnittlauch
2 EL Olivenöl
1 EL Bouillon
2 EL Schlagobers
Salz, Pfeffer
etwas Senf

Tomaten schälen und würfelig schneiden, Erbsen in wenig Salzwasser blanchieren, Karotten in Würfel schneiden und kurz in Salzwasser aufkochen. Nudeln in Salzwasser al dente kochen.
Olivenöl, Bouillon und Schlagobers zu einer sämigen Soße rühren und mit Salz, Pfeffer und Senf würzen.
Die noch warmen Nudeln, Erbsen, Karotten und die gewürfelten Tomaten mit der Soße sorgfältig vermischen und mit Schnittlauch bestreuen.

28. Juni

Schwammerlsuppe mit Gemüse N

200 g Schwammerln
100 g Gemüse (Sellerie, Karotten, Petersilie, Petersilwurzel, Lauch...)
1 Zwiebel
Salz, Pfeffer
gemahlener Kümmel
3 Knoblauchzehen
Öl
1 Prise Ingwer
gehackte Petersilie
1 l Wasser
1/8 l Schlagobers

Wurzelgemüse und Zwiebel in kleine Würfel schneiden und mit den Schwammerln in der Pfanne mit Öl leicht anrösten. Mit dem Wasser aufgießen und aufkochen. Mit Salz, Pfeffer, Knoblauch, Ingwer und etwas Kümmel würzen und vor dem Servieren etwas geschlagenes Obers in die Suppe einrühren.
Mit gehackter Petersilie bestreuen.

Topfencreme mit Zitronenmelisse E

250 g Topfen
1 Vanilleschote
1 Pfirsich
200 ml Schlagobers
Zitronenmelisse

Topfen mit dem ausgekratzten Mark der Vanilleschote verrühren. Pfirsich schälen, Fruchtfleisch pürieren und unter den Topfen geben. Schlagobers steif schlagen, Zitronenmelisseblätter fein hacken und beides unter den Topfen ziehen. Mit Pfirsichspalten und Schlagobers garnieren.

29. Juni

Hörnchen mit Gemüse und Speck K

250 g Hörnchen (Vollkorn)
1 Zwiebel
1 Knoblauchzehe
250 g Champignons
2 Karotten
1 Zucchini
2 EL Butter
250 ml Gemüsebrühe
100 g Frischkäse mit Kräutern
Salz, Pfeffer
1 TL Thymian
150 g Speck

Die Nudeln in reichlich Salzwasser in etwa 10 Minuten bissfest kochen und abgießen. Zwiebel und Knoblauch fein hacken, Champignons blättrig schneiden, Karotten und Zucchini grob raspeln.
Das Fett in einer Pfanne erhitzen, die Zwiebel darin glasig dünsten, Knoblauch und Champignons dazugeben und 5 Minuten mitrösten.
Gemüsebrühe und Frischkäse hinzufügen und verrühren, bis der Käse geschmolzen ist. Karotten und Zucchini ebenfalls dazugeben, mit Salz, Pfeffer und Thymian würzen und 5 Minuten garen.
Den Speck würfelig schneiden und mit den Hörnchen unter das Gemüse rühren.

30. Juni

Spargel mit Avocadosoße   E

2 kg Spargel
1/2 TL Salz
1 Avocado
etwas Zitronensaft
Salz, Pfeffer
2 EL Tomatensaft
2 EL Schlagobers

Den Spargel schälen, in einem Topf mit reichlich Salzwasser ca. 15 Minuten kochen. Für die Avocadosoße die Avocado halbieren, den Kern entfernen und das Fruchtfleisch zusammen mit dem Zitronensaft pürieren. Mit Salz und Pfeffer pikant abschmecken und den Tomatensaft und das Schlagobers unterrühren.

Lammkoteletts mit Speckbohnen   E

4–6 Lammkoteletts
Salz, Pfeffer
Rosmarin
etwas Butter
200 g grüne Bohnen
6 Speckscheiben
etwas Butter
2 Tomaten

Lammkoteletts mit Salz, Pfeffer und gemahlenem Rosmarin würzen und erst kurz vor dem Servieren in Butter braten.
Für die Speckbohnen Bohnen in Salzwasser bissfest kochen und mit kaltem Wasser abschrecken. Bündelweise in die Speckscheiben einwickeln und in heißer Butter leicht anbraten. Die Tomaten halbieren und in der gleichen Pfanne mitrösten.

Kürbissuppe mit Karotten (Rezept S. 162)

Brennnesselsuppe (Rezept S. 85)

Entenbrust in Orangensoße (Rezept S. 199)

Gemüsesuppe nach Art des Hauses (Rezept S. 94)

Aufstrich mit geräucherten Fischen (Rezept S. 37)

Spagetti mit Zucchini (Rezept S. 175)

Rindfleischsalat (Rezept S. 29)

Marinierte Auberginen und Zucchini (Rezept S. 174)

Spargel mit Vinaigrette (Rezept S. 83)

Pikantes Huhn (Rezept S. 155)

Wirsingrouladen mit Reis (Rezept S. 71)

Radieschenaufstrich (Rezept S. 83)

Rindsrouladen (Rezept S. 27)

Pikante Polentaschnitten (Rezept S. 150)

Topfencreme mit Rosinen (Rezept S. 70)

Gemüsesulz (Rezept S. 20)

1. Juli

Spinatsalat mit Schafskäse E

2 EL Olivenöl
1 Knoblauchzehe
2 TL Weißweinessig
Pfeffer
100 g Champignons
500 g Blattspinat
2 Eier
100 g Schafskäse

Olivenöl, Knoblauch, Essig und Pfeffer vermischen, blättrig geschnittene Champignons dazugeben und kurz ziehen lassen.
Spinat zerpflücken, in eine Salatschüssel geben, Champignons, Salatsoße und hartgekochte, in Scheiben geschnittene Eier dazugeben und gut mischen. Zuletzt mit dem zerbröckelten Käse bestreuen.

Beeren mit Jogurt E

200 g Jogurt
100 g frische Beeren nach Wahl

Frische Beeren waschen, gut abtropfen lassen und mit dem Jogurt anrichten.

2. Juli

Gemüseeintopf mit Putenfleisch   E

ca. 1 kg Putenfleisch
Suppenwürze
300 g Karotten
300 g Broccoli
300 g Karfiol
300 g grüne Bohnen
3 EL Petersilie
3 EL Kerbel
Salz, Pfeffer
50 g geriebener Parmesan

Putenfleisch mit 1 l Wasser und Suppenwürze aufkochen und ca. 25 Minuten köcheln lassen. Karotten in Scheiben schneiden, Broccoli und Karfiol in Röschen zerteilen, grüne Bohnen halbieren. Hühnersuppe durch ein Sieb gießen und würzen, Gemüse einlegen und ca. 20 Minuten ziehen lassen.
Putenfleisch grob würfeln und zum Eintopf geben. Zuletzt mit den gehackten Kräutern und mit Parmesan bestreuen.

3. Juli

Gurkenkaltschale   N

1 Salatgurke
etwas Salzwasser
300 g Jogurt
frischer Schnittlauch, Petersilie, Dille...
1–2 Knoblauchzehen
Sonnenblumenöl
Salz, Pfeffer

Gurke schälen, entkernen, in ganz wenig Salzwasser aufkochen, pürieren und auskühlen lassen. Anschließend mit Jogurt und Sonnenblumenöl vermischen, die frisch gehackten Kräuter einrühren und mit Salz, Pfeffer und Knoblauch würzen.

Tomatensalat mit Frühlingszwiebeln   E

2 Tomaten
4 Frühlingszwiebeln
1 EL Öl
4 EL heißes Wasser
etwas Gemüsebrühe
6 Oliven
1 EL Weinessig
Salz, Pfeffer
Petersilie
2 EL Öl

Tomaten häuten und würfelig schneiden. Zwiebeln putzen, waschen, in 2 cm lange Stücke schneiden, in heißem Öl anschwitzen, mit Wasser aufgießen, Gemüsebrühe einrühren, aufkochen und auskühlen lassen. Tomaten mit Oliven und ausgekühlten Frühlingszwiebeln mischen, den Zwiebelsud mit Essig, den Gewürzen, Petersilie und Öl verrühren, gut abschmecken und über die Salatzutaten gießen.

4. Juli

Lachsforelle auf Gemüsebeet E

4 Lachsforellenfilets
Salz
Zitronensaft
Sojasoße
Dille
Öl
100 g Karotten
100 g Karfiol
100 g Kohlsprossen
100 g Broccoli
etwas Butter
Mandelblätter
Salz, Pfeffer
Kerbel

Filets salzen, mit Zitronensaft und Sojasoße würzen und in einer Pfanne mit heißem Fett beidseitig braten. Gemüse putzen, schälen, gefällig schneiden, in Salzwasser bissfest kochen, abseihen und mit kaltem Wasser übergießen. Mandelblätter in etwas Butter anrösten, das gekochte Gemüse dazugeben und mit Salz und Pfeffer würzen.
Zuletzt mit gehacktem Kerbel bestreuen.

Birnenjogurt mit Nüssen E

300 g Jogurt
2 reife Birnen
2 EL Mandelblättchen
2 EL Kokosraspel

Birnen waschen und würfelig schneiden, vorsichtig mit dem Jogurt vermischen. Mandelblättchen und Kokosraspel in einer trockenen Pfanne rösten und noch warm auf das Birnenjogurt geben.

5. Juli

Kartoffelstrudel mit Lauch K

500 g gekochte, mehlige Kartoffeln
ein paar Butterflocken
Salz
Muskatnuss
2 Eidotter
200 g Vollkornmehl
60 g Speckscheiben
60 g Zwiebeln
100 g Lauch
Petersilie
etwas Butter
Küchenfolie
Wasser

Gekochte Kartoffeln durch die Presse drücken, mit Salz und Muskatnuss würzen und mit ein paar Butterflocken, den Eidottern und dem Mehl rasch zu einem Teig verarbeiten. Speckscheiben, Lauch und Zwiebeln fein schneiden und in Butter anrösten, Petersilie dazugeben. Den Kartoffelteig ausrollen, die Fülle darauf verteilen und zusammenrollen.
In kleinere Stücke schneiden, in Küchenfolie eindrehen und in Wasser ca. 30 Minuten kochen.

6. Juli

Omelette mit Oliven   E

1 kg Zucchini
1 Bund Petersilie, 1 Bund Basilikum
1 Zwiebel
30 g Butter
Salz, Pfeffer, Muskatnuss
75 g schwarze Oliven ohne Kern
8 Eier
100 g Gouda

Zucchini in Scheiben schneiden, Kräuter fein hacken, Zwiebel in dünne Ringe schneiden. Die Zucchinischeiben portionsweise im heißen Fett kurz anbraten, würzen und herausnehmen. Zwiebel andünsten, Zucchini und Oliven dazugeben. Die Eier, Kräuter und geriebenen Käse verquirlen, kräftig würzen und über das Gemüse geben. Zugedeckt 10–15 Minuten stocken lassen.

Salat mit Radieschen und Champignons   E

200 g verschiedene Blattsalate
1/2 Kohlrabi, 2 Karotten, 4 Radieschen
5 Champignons
5 EL Weinessig, 1 TL Senf
Salz, Pfeffer
4 EL Sonnenblumenöl
2 EL gestiftelte Mandeln

Salatblätter waschen, gut abtropfen lassen und etwas zerpflücken.
Kohlrabi, Karotten und Radieschen grob raspeln, die Champignons vierteln und alle Salatzutaten miteinander vermischen. Aus Essig, Senf, Gewürzen und Öl eine Marinade bereiten und über den Salat gießen. Die Mandeln in der trockenen Pfanne rösten und über den Salat streuen.

7. Juli

Hirseauflauf mit Gemüse   K

125 g Hirse
1 EL Butter
1/4 l Gemüsebrühe
Kräutersalz
1 EL Sauerrahm
200 g Zucchini
200 g Mozzarella
etwas Butter

Hirse in etwas Butter anrösten, mit kochender Gemüsebrühe aufgießen, mit Salz würzen. Kurz aufkochen lassen und auf kleiner Flamme ca. 15 Minuten ziehen lassen.
Zucchini waschen und in dünne Scheiben schneiden. Eine feuerfeste Form ausbuttern, gekochte Hirse mit dem Sauerrahm vermischen und zusammen mit Zucchini und dem in Scheiben geschnittenen Mozzarella in Schichten in die gebutterte Form einlegen. Abschließen sollte man mit Käse.
Bei 200° im Backrohr 10 Minuten überbacken.

8. Juli

Zucchinigratin   E

500 g Zucchini
10 g Butter
1 Tomate
100 g Schafskäse
1/8 l Milch
2 Eier
Salz
Pfeffer
1 Knoblauchzehe

Zucchini längs vierteln, in eine befettete Auflaufform legen, mit weicher Butter bepinseln und im Backrohr vorgaren. Die Tomate würfeln, Schafskäse zerbröseln und beides über die Zucchini verteilen. Milch, Eier, Gewürze und zerdrückte Knoblauchzehe verrühren, darübergießen und weitere 20-25 Minuten im Backrohr überbacken.

Buttermilch mit Früchten   E

1 l Buttermilch
4 Orangen
2 Mangos

Orangen auspressen, den Saft mit dem Mangofruchtfleisch vermischen und pürieren. Buttermilch langsam dazugießen und kräftig verrühren.

9. Juli

Bohnensalat auf Italienisch   E

300 g weiße Bohnen
2 l Wasser
4 Knoblauchzehen
4 frische Salbeiblättter
1 kg Tomaten
2 Zwiebeln
6 EL Sonnenblumenöl
2 EL Balsamicoessig
Salz
Pfeffer
Petersilie

Bohnen über Nacht in Wasser einweichen und dann mit halbierten Knoblauchzehen, Salbeiblättern und Salz kochen, abgießen und auskühlen lassen, Salbei und Knoblauch entfernen. Tomaten häuten und ebenso wie die Zwiebeln in Würfel schneiden. Öl und Essig verrühren, mit Salz und Pfeffer abschmecken und über die Bohnen, Tomaten und Zwiebeln gießen, gut vermischen und durchziehen lassen, mit gehackter Petersilie bestreuen.

10. Juli

Orientalischer Gemüsetopf E

2 grüne Paprikaschoten
2 gelbe Paprikaschoten
2 rote Paprikaschoten
400 g Tomaten
250 g Zucchini
400 g Auberginen
200 g Zwiebeln
200 g grüne Bohnen
Salz, Pfeffer
5 EL Olivenöl
Basilikum
Petersilie
300 g Schafskäse

Paprika in 5 cm große Rechtecke schneiden, geschälte Tomaten, Zucchini und Auberginen in Scheiben, Zwiebeln in feine Ringe schneiden. Auberginen salzen und 20 Minuten ziehen lassen, danach trockentupfen, mit Pfeffer würzen und in heißem Olivenöl auf beiden Seiten leicht anbraten, danach auf Küchenpapier legen. Bohnen in Salzwasser ca. 5 Minuten vorkochen. Das Gemüse abwechselnd in 2 Lagen in eine befettete Auflaufform einschichten und mit gehacktem Basilikum, Salz und Pfeffer würzen. Etwas Wasser dazugießen und im Backrohr bei 220° C ca. 50 Minuten garen. Vor dem Servieren mit gehackter Petersilie und mit würfelig geschnittenem Schafskäse bestreuen.

11. Juli

Salat mit Rohschinken E

1/2 Lollo rosso
1/2 Eichblattsalat
1/2 Lollo verde
1 kleiner Radicchio
250 g Rohschinken
1 EL Olivenöl
3 EL Rotweinessig
4 EL Olivenöl
Salz, Pfeffer

Die Salate und den Rohschinken in Streifen schneiden. Den Schinken in heißem Öl anrösten und mit Essig ablöschen. Salate mit Öl beträufeln, mit Salz und Pfeffer bestreuen und mischen. Abgekühlte Schinkenstreifen darauf verteilen.

Avocadokaltschale N

200 g Avocado
etwas Salzwasser
300 g Jogurt
Schnittlauch
Petersilie
Dille
2 Knoblauchzehen
etwas Sonnenblumenöl
Salz, Pfeffer

Die Avocado schälen, entkernen, in ganz wenig Salzwasser aufkochen und anschließend pürieren. Erkalten lassen und mit dem Jogurt und dem Sonnenblumenöl vermischen.
Frisch gehackte Kräuter dazugeben und mit Salz, Pfeffer und Knoblauch würzen.

12. Juli

Karottensalat in der Melone E

750 g Karotten
2 EL Zitronensaft
1 EL Öl
1/2 Honigmelone
200 g Ananas
Salz

Karotten grob raffeln und sofort mit Zitronensaft und Öl vermischen. Die Melone entkernen und mit einem Kugelausstecher das Fruchtfleisch herauslösen. Frische Ananas von Schale und Strunk befreien und in kleine Stücke schneiden. Alles vorsichtig vermischen, mit einer Prise Salz abschmecken, kühl stellen, gut durchziehen lassen und in der ebenfalls gekühlten Melonenhälfte anrichten.

Blattspinat mit Brennnesseln N

400 g Brennnesseln
400 g frischer Spinat
etwas Butter
Salz, Muskatnuss
3 Knoblauchzehen
100 g Speck
1 Zwiebel
etwas Wasser oder Suppe zum Aufgießen

Brennnessel- und Spinatblätter waschen, abtropfen lassen und in kochendem Wasser kurz blanchieren. Speck und Zwiebel fein schneiden und in etwas Butter anrösten. Spinat und Brennnesseln dazugeben und mit etwas Wasser oder Suppe aufgießen. Mit Knoblauch, Muskatnuss und Salz würzen.

13. Juli

Gemüseeintopf mit Huhn E

4 Hühnerbrustfilets
3 EL Öl
1 Zwiebel
2 Knoblauchzehen
150 g Champignons
1 Karotte
300 g Broccoli
300 g Karfiol
Salz, Pfeffer
etwas Cayennepfeffer
Muskatnuss
200 ml Weißwein
750 ml Gemüsebrühe
150 g Creme fraiche

Die Hühnerbrustfilets in Streifen schneiden, in heißem Öl kurz anbraten und beiseite stellen. Zwiebel und Knoblauchzehen fein hacken, die Champignons blättrig schneiden, Karotte würfeln und Broccoli und Karfiol in Röschen teilen. Zwiebel und Knoblauch in der Pfanne kurz andünsten, die Champignons dazugeben, anschließend Karotte, Broccoli und Karfiol beifügen. Mit Weißwein und Gemüsebrühe aufgießen, mit den Gewürzen abschmecken und so lange köcheln lassen, bis das Gemüse bissfest ist.
Zuletzt die Creme fraiche einrühren, die Hühnerbruststreifen einlegen und noch etwas ziehen lassen.

14. Juli

Gefüllte Zucchini mit Krabben   E

4 Zucchini
300 g Frischkäse
200 g Krabben
1 Bund Dille
Salz
Pfeffer
100 ml Milch
3 Eier
100 g geriebener Käse

Zucchini der Länge nach halbieren und das Fruchtfleisch herauslösen. Zucchinihälften in eine gefettete Auflaufform geben. Etwas Fruchtfleisch hacken, mit Frischkäse, Krabben und gehackter Dille vermengen, mit Salz und Pfeffer würzen und in die Zucchini füllen. Milch mit Eiern und Käse verrühren, über die Zucchini gießen und im vorgeheizten Backrohr bei 200° C ca. 30 Minuten überbacken.

Bohnen mit Basilikum   E

50 g Butter
Salz
etwas Zitronensaft
Basilikum
750 g grüne Bohnen
1/8 l Wasser
Salz
Pfeffer

Butter mit Salz, Zitronensaft und dem fein gehackten Basilikum verrühren, zu einer Rolle formen und kühl stellen.
Die Bohnen im Wasser mit Salz und Pfeffer kurz dünsten.
Die Basilikumbutter in Scheiben schneiden. und auf die Bohnen legen.

15. Juli

Paprikareis   K

150 g Naturreis
ca. 1/4 l Wasser
Salz
200 g bunte Paprikaschoten
1 EL Butter
60 g Zwiebeln
1 TL Paprikapulver
4 EL Sauerrahm
1 EL Kräutergervais
Petersilie

Die Paprika waschen, entkernen, in kleine Würfel schneiden und die Zwiebeln ebenfalls fein schneiden.
Alles zusammen mit etwas Butter anrösten, den Reis dazugeben, Paprika einrühren und mit dem Wasser aufgießen, salzen.
Aufkochen lassen und dann auf kleiner Flamme fertig dünsten.
Sauerrahm und Kräutergervais in den fertigen Reis einheben, noch kurz ziehen lassen und mit gehackter Petersilie bestreuen.

16. Juli

Putenschnitzel mit Zucchini   E

400 g Zucchini
4 Putenschnitzel
1 TL Ingwer
2 Schalotten
1 Knoblauchzehe
1/4 l Gemüsebrühe
1 TL Kreuzkümmel
1 Chilischote
1 TL Koriander
1/2 TL Kurkuma (Gelbwurz)
1/2 TL Kardamom
Salz, Pfeffer
Öl

Die Putenschnitzel leicht klopfen, salzen, pfeffern, in einer Pfanne mit etwas Öl von allen Seiten kurz anbraten und dann warm stellen.
Kreuzkümmel, Kurkuma, Koriander, Kardamom, und getrocknete Chilischote in einem Mörser gut zerstoßen.
Die Zucchini würfelig schneiden, Schalotten und Knoblauch fein schneiden und in heißem Öl anschwitzen, Zucchini dazugeben, mit der Gemüsebrühe aufgießen und köcheln lassen. Mit den Gewürzen abschmecken und mit den Putenschnitzeln servieren.

17. Juli

Schwammerlgulasch   E

1 kg Eierschwammerln
Öl
150 g Zwiebeln
Paprikapulver
Salz, Pfeffer
1/8 l Creme Fraiche
etwas Essig

Zwiebeln fein schneiden, in heißem Öl goldbraun anrösten, Paprikapulver dazugeben und mit Essig ablöschen. Eierschwammerln grob schneiden und in die Pfanne geben, salzen, pfeffern und ca. 10 Minuten weichdünsten. Zuletzt die Creme fraiche einrühren und nochmals kurz ziehen lassen.

Apfel-Karottensaft   E

3 Äpfel
1 Zitrone
500 g Karotten
400 g Sellerie

Äpfel, Karotten und Sellerie waschen und in einer Saftzentrifuge auspressen. Zitrone ebenfalls auspressen und alles vermischen.

18. Juli

Lammeintopf E

1 Lammschulter
1/2 l Suppe
1 Flasche Rotwein
2 Zwiebeln
50 g Schinkenspeck
2 Karotten
1 Stange Lauch
1 Sellerieknolle
10 Knoblauchzehen
2 EL Tomatenmark
1 Rosmarinzweig
Thymian
250 g weiße Bohnen (eingeweicht)
Bohnenkraut
2 EL Schlagobers
Butter
Salz, Pfeffer

Das Fleisch salzen, pfeffern, in Butter von allen Seiten anbraten und in einen Bräter geben. Zwiebeln und Schinken klein schneiden, in der Pfanne leicht bräunen und zum Fleisch geben, das fein geschnittene Gemüse im restlichen Fett rösten und mit der Suppe aufgießen. Rotwein, Knoblauchzehen, Tomatenmark, Rosmarin und Thymian zum Fleisch geben und 60 Minuten bei 170° C im Backofen garen. Das Fleisch zwischendurch begießen. Dann die eingeweichten Bohnen mit dem Bohnenkraut dazugeben und weitere 30 Minuten garen. Das Fleisch portionieren und warmstellen. Den Rest abschmecken, das Schlagobers einrühren und das Fleisch wieder einlegen.

19. Juli

Kohlrabisalat mit Radieschen E

125 g Kohlrabi
1 Apfel
1/2 Becher Jogurt
2 EL Zitronensaft
Salz
Pfeffer
5 Radieschen
1 EL Schnittlauch

Kohlrabi und Apfel grob raspeln. Jogurt, Zitronensaft, Salz und Pfeffer verrühren, abschmecken und über die Salatzutaten geben, gut verrühren. Radieschen fein raspeln, dazugeben, Schnittlauch fein schneiden und über den Salat streuen.

Gemüsepfanne mit Mozzarella E

250 g Mozzarella
300 g Zucchini
300 g Tomaten
1 Knoblauchzehe
Basilikum
3 EL Olivenöl
Salz
Zitronenpfeffer
100 g Mortadella

Mozzarella, Zucchini und Tomaten in Scheiben schneiden, in eine feuerfeste Form schichten.
Zerdrückten Knoblauch und gehacktes Basilikum mit dem Öl verrühren, über das Gemüse verteilen und mit Salz und Pfeffer würzen.
Im Backrohr bei 200° C ca. 30 Minuten überbacken. Mortadella würfeln und nach Hälfte der Garzeit über das Gemüse geben.

20. Juli

Mittelmeersalat   E

1/2 Eisbergsalat
2 Tomaten
1 Zwiebel
50 g Schafskäse
4 Artischockenherzen
4 Sardellenfilets
10 schwarze Oliven
1 Knoblauchzehe
Salz
1/4 TL Basilikum
Pfeffer
5 EL Weinessig
5 EL Olivenöl
1 hartgekochtes Ei

Eisbergsalat in breite Streifen schneiden, Tomaten achteln, Zwiebel in Ringe schneiden, Käse grob zerbröckeln, Artischockenherzen vierteln. Alles mit Sardellenfilets und Oliven in einer Schüssel vermischen. Knoblauchzehe zerdrücken, mit Essig, Öl, Salz, Pfeffer und Basilikum über den Salat geben, kurz durchmischen, mit dem in Scheiben geschnittenen Ei garnieren.

Heidelbeeren mit Zimtobers   N

300 g Heidelbeeren
1/4 l Schlagobers
1 Prise Zimt
Mandelstifte

Heidelbeeren waschen und abtropfen lassen. Schlagobers steif schlagen und den Zimt einrühren. Mandelstifte in einer trockenen Pfanne rösten.
Heidelbeeren mit dem Zimtobers garnieren und mit den Mandelstiften bestreuen.

21. Juli

Kartoffelstrudel mit Eierschwammerln   K

500 g gekochte mehlige Kartoffeln
ein paar Butterflocken
Muskatnuss
2 Eidotter
200 g Vollkornmehl
100 g Eierschwammerln
60 g Zwiebeln
Petersilie
etwas Butter
Küchenfolie
Wasser
etwas Butter
50 g Zwiebeln
Schnittlauch
Salz

Gekochte Kartoffeln durch die Presse drücken, mit Salz und Muskatnuss würzen, mit ein paar Butterflocken, den Eidottern und dem Mehl rasch zu einem Teig verarbeiten.
Eierschwammerln und Zwiebeln fein schneiden und in etwas Butter anrösten. Die Schwammerln so lange rösten, bis die Flüssigkeit verdunstet, dann Petersilie dazugeben.
Den Kartoffelteig ausrollen, die Fülle darauf verteilen und zusammenrollen. In kleinere Stücke teilen, in Küchenfolie eindrehen und in Wasser ca. 30 Minuten kochen. Butter und Zwiebeln leicht braun anrösten, salzen, Schnittlauch dazugeben und vor dem Servieren über den Strudel gießen.

22. Juli

Tomatensalat mit Mozzarella E

3 Zucchini
750 g Tomaten
2 Zwiebeln
250 g Mozzarella
1 Bund Basilikum
2 EL Balsamicoessig
Salz, Pfeffer
4 EL Olivenöl

Zucchini und Tomaten in Scheiben schneiden. Zwiebeln fein würfeln, Mozzarella ebenfalls in Scheiben schneiden. Basilikumblätter grob hacken und mit Essig, Salz, Pfeffer, 2 EL Wasser und Olivenöl pürieren. Tomaten, Zucchini und Mozzarella dachziegelartig auf Tellern anrichten, mit Zwiebelwürfeln bestreuen und mit der Basilikumsoße servieren.

Erdbeeren mit Sauerrahm E

250 g Erdbeeren
250 g Sauerrahm
(wenig Honig)
1/8 l Schlagobers

2/3 der Erdbeeren zusammen mit dem Sauerrahm und dem Honig mit dem Mixstab pürieren. Restliche Erdbeeren grob schneiden und unterrühren, mit geschlagenem Obers verfeinern.

23. Juli

Rotbarschfilets mit Gemüse E

4 Rotbarschfilets
125 ml Fischfond
20 ml Weißwein
40 g Karotten
40 g Schalotten
40 g Lauch
1 Knoblauchzehe
1 Zucchini
2 Tomaten
1/4 Staudensellerie
Petersilie
Salbei
Olivenöl
Salz, Pfeffer

Karotten und Schalotten würfelig, den Lauch in Scheiben schneiden, mit der zerdrückten Knoblauchzehe in etwas Olivenöl anrösten. Mit Fischfond und Weißwein aufgießen und 10 Minuten kochen lassen. Die Zucchini, die geschälten Tomaten und die Staudensellerie zerkleinern, zu dem Gemüse geben und etwa 10 Minuten dünsten.
Die Rotbarschfilets mit Salz und Pfeffer würzen und in einer Pfanne mit Olivenöl beidseitig anbraten, aus der Pfanne nehmen und warmstellen. Petersilie und Salbei fein hacken, zum Gemüse geben und mit Salz und Pfeffer abschmecken.

24. Juli

**Radieschensalat
mit Brunnenkresse** E

2 Bund Radieschen
120 g Jungzwiebeln
2 Kohlrabi
5 EL Obstessig
Salz, Pfeffer
8 EL Öl
1 Bund Brunnenkresse

Radieschen und Kohlrabi in feine Streifen schneiden, die Jungzwiebeln in Ringe schneiden. Den Obstessig mit Salz, Pfeffer und dem Öl vermischen und über das Gemüse gießen. Zuletzt die Brunnenkresse unter den Salat heben.

Blattspinat mit Parmesan E

1 kg frischer Blattspinat
2 Knoblauchzehen
1 Zwiebel
Salz
Pfeffer
Butter
2 EL Parmesan

Den Blattspinat putzen, in kochendem Wasser blanchieren, abseihen und warm stellen. Butter erhitzen, fein geschnittene Zwiebel und zerdrückten Knoblauch anrösten und zuletzt den Blattspinat kurz mitrösten. Mit Salz und Pfeffer abschmecken und mit frisch geriebenem Parmesan verfeinern.

25. Juli

Sommergemüse E

500 g Zwiebeln
2 grüne Paprikaschoten
2 rote Paprikaschoten
2 Zucchini
1 Aubergine
500 g Tomaten
5 EL Olivenöl
Salz
weißer Pfeffer
je 1/2 TL Rosmarin und Oregano

Die geschälten Zwiebeln und die geputzten und gewaschenen Paprikaschoten in Streifen, Zucchini und Aubergine in Scheiben schneiden, geschälte Tomaten ebenfalls in Streifen schneiden. Zwiebeln und Paprika fünf Minuten in heißem Öl anrösten, anschließend Zucchini- und Auberginenscheiben dazugeben, mit Salz, Pfeffer, Rosmarin und Oregano bestreuen und auf kleiner Flamme so lange ziehen lassen, bis die Flüssigkeit verdampft. Dann die Tomaten dazugeben, nochmals erhitzen und das Gemüse abschmecken. Abkühlen lassen und kalt servieren.

26. Juli

Eierspeis mit Zucchini E

2 Zucchini
2 EL Olivenöl
Salz, Pfeffer
Thymian
8 Eier
1/8 l Milch

Zucchini in Scheiben schneiden. Öl erhitzen, Zucchini darin kurz anbraten und würzen. Eier, Milch und Gewürze verquirlen und über die Zucchini gießen. Wenn die Masse zu stocken beginnt, vorsichtig umrühren.

Mischsalat E

2 hartgekochte Eier
1 Endiviensalat
2 Tomaten
1/2 Salatgurke
1 Bund Radieschen
3 EL Weinessig
1 EL Salatöl
1 Knoblauchzehe
Salz
Pfeffer
etwas Sekt
Zitronensaft

Eier schälen und vierteln, den Endiviensalat in Streifen, Gurke, Tomaten und Radieschen in Scheiben schneiden und alles vorsichtig miteinander vermischen.
Weinessig, Salatöl und mit Salz fein zerdrückte Knoblauchzehe verrühren, mit Pfeffer, einem Schuß Sekt und Zitronensaft abschmecken und über den Salat gießen.

27. Juli

Karfiolsuppe mit Broccoli K

300 g Karfiol
300 g Broccoli
1 Zwiebel
Butter
1 l Wasser
Salz, Pfeffer
Salbei
etwas Suppenwürze
1 EL Mehl
etwas Schlagobers

Die Zwiebel fein schneiden und mit der Butter anrösten.
Das zerkleinerte Gemüse dazugeben, mit dem Mehl stauben und kurz weiterrösten. Mit Wasser aufgießen und aufkochen lassen. Mit Salz, Pfeffer, Salbei und Suppenwürze würzen, pürieren und das Schlagobers einrühren.

28. Juli

Zucchinitopf mit Faschiertem E

2 Zwiebeln
4 Zucchini
20 g Butter
250 g Faschiertes
1 EL Sojasoße
Pfeffer
5 EL Weißwein
Dille

Zwiebeln fein, Zucchini würfelig schneiden. Butter erhitzen, Zwiebeln glasig dünsten, Faschiertes dazugeben, gut anrösten und mit Sojasoße und Pfeffer würzen. Zucchini dazugeben, mit Wein aufgießen und alles ca. 10 Minuten garen. Mit gehackter Dille bestreuen.

Früchtemix E

1/2 Honigmelone
200 g Erdbeeren
2 Kiwis
125 g blaue Trauben
4 EL Orangensaft
frische Minze
1/8 l Schlagobers

Die Melone in Stücke teilen und diese in Scheiben schneiden, die Erdbeeren halbieren, die Kiwis in dünne Scheiben schneiden und die Trauben halbieren und entkernen. Die Früchte in eine Schüssel geben, mit Orangensaft marinieren und zugedeckt ca. 30 Minuten im Kühlschrank ziehen lassen. Mit geschlagenem Obers und einem Minzeblatt garnieren.

29. Juli

Gemüsespieße N

2 Knoblauchzehen
400 g Zucchini
200 g kleine Champignons
6 Zwiebeln
200 g Speck
Öl
Pfeffer

Zucchini in Scheiben schneiden, Champignons halbieren, Zwiebeln achteln, Speck in mundgerechte Stücke schneiden und alle Zutaten abwechselnd auf Spieße reihen, diese mit Öl bepinseln, mit zerdrücktem Knoblauch bestreichen und im Rohr oder auf dem Grill garen. Mit Pfeffer bestreuen.

30. Juli

Griechischer Bauernsalat E

1 Eisbergsalat
1 Bund Petersilie
1/2 Salatgurke
4 Tomaten
1 Zwiebel
50 g schwarze Oliven
125 g Schafskäse
4 EL Olivenöl
2 EL Kräuteressig
Pfeffer, Salz
1 Knoblauchzehe

Salat in Streifen schneiden, Petersilie hacken und darüberstreuen. Gurken in Streifen, Tomaten in Scheiben und Zwiebel in ganz dünne Ringe schneiden, Schafskäse zerbröckeln. Alles auf dem Salat verteilen, Oliven dazugeben. Essig, Öl, zerdrückte Knoblauchzehe, Salz und Pfeffer verrühren und über den Salat gießen.

Spinatsalat mit Mozzarella E

200 g Blattspinat
1/2 Kopf Friséesalat
6 Tomaten
125 g Mozzarella
5 EL Balsamicoessig
5 EL Olivenöl
1 TL Senf
1 Knoblauchzehe
Salz, Pfeffer
1 Topf Basilikum

Spinat waschen und trockenschleudern, Friséesalat zerpflücken, Tomaten waschen und vierteln, Mozzarella in dünne Scheiben schneiden. Auf Tellern anrichten, mit der Marinade beträufeln und mit gehacktem Basilikum bestreuen.

31. Juli

Grüne Bohnen mit Eierschwammerln N

150 g Eierschwammerln
500 g grüne Bohnen
1/2 l Salzwasser
1 Zwiebel
1 Knoblauchzehe
3 Scheiben Speck
etwas Butter
Salz, Pfeffer
1/2 TL Thymian

Bohnen putzen, waschen und im kochenden Salzwasser in 10-15 Minuten bissfest garen, abgießen und sehr kalt abschrecken. Feingehackte Zwiebel, zerdrückten Knoblauch und würfelig geschnittenen Speck in Butter bei schwacher Hitze glasig dünsten. Eierschwammerln dazugeben und 10 Minuten dünsten. Die Bohnen untermischen, 5 Minuten mitdünsten. Mit Salz, Pfeffer und Thymian abschmecken.

1. AUGUST

Wurstsalat mit Tomaten   E

200 g Extrawurst
8 Cocktailwürstchen
8 Kirschtomaten
1/2 Salatgurke
1/2 Bund Petersilie
1/2 Bund Schnittlauch
1/2 Bund Basilikum
2 EL Perlzwiebeln
2 EL Apfelessig
1/4 TL Senf
Salz
Pfeffer
4 EL Öl

Extrawurst würfeln, Cocktailwürstchen einmal schräg durchschneiden.
Tomaten häuten und würfelig schneiden, Gurke schälen und ebenfalls würfeln, alles miteinander vermischen. Die frischen Kräuter grob hacken und zusammen mit den Perlzwiebeln zum Salat geben. Aus Essig, Senf, Salz, Pfeffer und Öl eine Marinade rühren, über den Salat gießen und 5 Minuten durchziehen lassen.

Pfirsichjogurt   E

4 Pfirsiche
250 g Jogurt
(wenig Honig)
Schlagobers
Zimt

Die Pfirsiche mit dem Jogurt im Mixer pürieren. Den Honig einrühren, geschlagenes Obers unterrühren und mit Zimt bestreuen.

2. August

Kalte Gemüsesuppe E

1 Salatgurke
400 g Tomaten
1 Paprikaschote
1 Zwiebel
1 Knoblauchzehe
1/2 l Wasser
100 g Schlagobers
50 ml Rotweinessig
1 EL Olivenöl
20 g Tomatenmark
1 TL Salz
Paprikapulver
Schnittlauch

Gurke, geschälte Tomaten, Paprikaschote und Zwiebel fein würfeln, Knoblauchzehe durch die Presse drücken und alles in einem Topf vermischen. Die restlichen Zutaten einrühren und die Suppe in den Kühlschrank geben, gut durchziehen lassen.

**Überbackenes Brot
mit Schafskäse und Basilikum** K

200 g Schafskäse mit Kräutern
1 Bund Basilikum
2 EL Sauerrahm
Salz, Pfeffer
Vollkornbrot

Schafskäse zerbröckeln und mit dem Sauerrahm verrühren. Gehacktes Basilikum unterrühren und mit Salz und Pfeffer abschmecken. Die Brote damit bestreichen und im Backrohr bei 200° C überbacken, bis der Käse leicht braun ist.

3. August

**Nudeln
mit Zucchini-Karottensoße** K

4 Zucchini
4 Karotten
1 Zwiebel
100 g Butter
Salz, Pfeffer
100 g Frischkäse
1 Bund Basilikum
400 g Vollkornnudeln nach Wahl

Zucchini und Karotten waschen, fein raspeln, Zwiebel fein würfeln und alles zusammen im heißen Fett anschwitzen, salzen, pfeffern und ca. 10 Minuten dünsten. Frischkäse und gehacktes Basilikum einrühren und ca. 5 Minuten weiterdünsten. Nudeln in Salzwasser kochen, abtropfen lassen und mit der Soße anrichten.

4. August

Bröselgemüse K

500–600 g Fenchel, Staudensellerie,
  Erbsenschoten, Karotten, Karfiol,
  Broccoli, Zucchini
Kräutersalz, Pfeffer
etwas Butter
Butter und Brösel

Fenchel, Staudensellerie, Erbsenschoten, Karotten, Karfiol und Broccoli in Salzwasser bissfest kochen, abseihen und mit kaltem Wasser abschrecken. Zucchini gefällig schneiden und in etwas Butter anrösten, mit Salz und Pfeffer würzen, das restliche Gemüse dazugeben und erwärmen (vorsichtig umrühren). In einer Pfanne Butter zergehen lassen, die Brösel dazugeben und über das Gemüse streuen.

Maiskolben mit Kräuterbutter N

4 Maiskolben
150 g Butter
2 Knoblauchzehen
Kräutersalz
frische Kräuter

Maiskolben in Salzwasser ca. 20 Minuten kochen. Butter cremig rühren und zerdrückten Knoblauch, Salz und gehackte Kräuter unterrühren. Abgetropfte Maiskolben mit der Kräuterbutter bestreichen.

5. August

Schweinskoteletts mit überbackenen Tomaten E

4 Schweinskoteletts
Salz
Pfeffer
Senf
etwas Öl
4 Tomaten
1 Knoblauchzehe
Salz, Pfeffer
Basilikum
100 g Schafskäse

Die Koteletts leicht klopfen, salzen, pfeffern und mit wenig Senf einstreichen. In einer Pfanne mit heißem Öl auf beiden Seiten scharf anbraten, dann auf kleinerer Flamme fertiggaren. Die Tomaten halbieren und mit der Schnittfläche nach oben in eine befettete feuerfeste Form geben. Zerdrückten Knoblauch daraufstreichen, salzen, pfeffern, mit gehacktem Basilikum bestreuen und den zerbröckelten Schafskäse darauf verteilen. Im Backrohr bei 200° C ca. 15 Minuten garen.

6. August

Paprika-Zucchini-Salat K

1 rote Paprikaschote
150 g Zucchini
3 Frühlingszwiebeln
1 EL Sauerrahm
2 EL Jogurt
etwas Senf
Satz
Pfeffer
etwas Zucker

Paprikaschote und Zucchini in hauchdünne Streifen schneiden, Frühlingszwiebeln in feine Ringe schneiden, Sauerrahm, Jogurt, Senf, Salz, Pfeffer und Zucker miteinander verrühren und über die Salatzutaten gießen, vermengen und ca. 2 Stunden durchziehen lassen.

Vitamindrink E

500 g Karotten
500 g Äpfel
2 Orangen
1 Zitrone
(wenig Birnendicksaft)

Karotten und Äpfel waschen und in einer Saftzentrifuge auspressen. Die Orangen und Zitronen ebenfalls auspressen und mit dem restlichen Saft und dem Birnendicksaft verrühren.

7. August

Currygemüse mit Getreide K

150 g Buchweizen
3/4 l Gemüsebrühe
350 g Karotten
350 g Staudensellerie
250 g Zucchini
1 Zwiebel
3 EL Öl
1 Banane
50 g Rosinen
1/8 l Schlagobers
4 TL Currypulver
Salz
Pfeffer

Buchweizen in der Gemüsebühe aufkochen und ausquellen lassen. Das Gemüse in Scheiben schneiden, Zwiebel würfelig schneiden und in heißem Öl glasig dünsten. Karotten und Staudensellerie kurz mitdünsten. Buchweizen mit Flüssigkeit zufügen, ca. 10 Minuten dünsten. Zucchini- und Bananenscheiben, Rosinen, Schlagobers und Gewürze dazugeben. Alles noch kurz ziehen lassen.

8. August

Rustikaler Salat E

1 Blattsalat nach Wahl
1 Salatgurke
2 rote Paprikaschoten
2 grüne Paprikaschoten
2 gelbe Paprikaschoten
6 feste Tomaten
2 Zwiebeln
1 Knoblauchzehe
frische Kräuter
Essig
Salatöl
Salz
Pfeffer
1 TL Senf

Alle Zutaten waschen und putzen, in Ringe, Scheiben oder kleine Stücke schneiden und auf einer Platte anrichten. Kurz vor dem Servieren Marinade aus Essig, Öl, gehackten Kräutern und Gewürzen darübergießen und vorsichtig umrühren.

9. August

Saiblingfilets auf Gemüsebouquet E

4 Saiblingfilets
Salz, Pfeffer
Zitronensaft
Sojaöl, Öl
600 g Karfiol, Kohlrabi, grüne Bohnen, Karotten
Butter
frische Kräuter
Kräutersalz

Saiblingfilets waschen, trockentupfen, mit Salz, weißem Pfeffer, etwas Zitronensaft und Sojaöl würzen. In heißem Öl auf beiden Seiten braten. Gemüse putzen, in gefällige Stücke schneiden und bissfest kochen. In etwas Butter schwenken und mit Salz und Kräutern würzen. Gemüse und Saibling miteinander anrichten und servieren.

Lauchgemüse N

2 Stangen Lauch
350 g Karotten
150 g Stangensellerie
etwas Öl
Kräutersalz, Pfeffer
1/8 l Gemüsebrühe
1/8 l Schlagobers
Schnittlauch

Lauch, Karotten und Stangensellerie zerkleinern und in einer Pfanne mit heißem Öl kurz anbraten. Mit der Gemüsebrühe aufgießen, Gewürze dazugeben und auf kleiner Flamme so lange köcheln lassen, bis das Gemüse bissfest ist. Mit dem Schlagobers verfeinern und mit frischem Schnittlauch bestreuen.

10. August

Müsli mit Feigen   K

50 g Dreikornmischung
etwas Wasser
3 Feigen
ein paar Tropfen Öl
100 g Topfen

Das Getreide grob schroten und über Nacht in Wasser einweichen.
Am Morgen den Topfen glattrühren, mit den klein geschnittenen Feigen, dem Getreidebrei und dem Öl vermischen.

Karottengemüse mit Broccoli   N

600 g Karotten
500 g Broccoli
30 g Butter
Salz
Pfeffer
1 TL Currypulver
1/8 l Gemüsebrühe
200 g Schlagobers
Ingwer

Gemüse schneiden und zerteilen, in heißem Fett andünsten, würzen und mit Gemüsebrühe aufgießen.
Zugedeckt ca. 10 Minuten dünsten, Schlagobers einrühren, aufkochen und nochmals abschmecken.

11. August

Pikante Polentaschnitten   K

120 g Polenta
1/4 l Wasser
Muskatnuss
1 EL Butter
100 g Zucchini
2 EL Sauerrahm
50 g Zuckermais
1/2 rote Paprikaschote
60 g Lauch
Salz
Pfeffer
Butter

Polenta in das kochende Salzwasser einrühren, etwas Butter dazugeben und aufkochen lassen. Mit Muskatnuss würzen. Paprika und Lauch klein schneiden, zusammen mit dem Zuckermais in etwas Butter anrösten und mit dem Sauerrahm in die Polenta einrühren. Zucchini in längliche Scheiben schneiden und kurz in kochendes Wasser einlegen, dann gut abtropfen lassen. Mit den Zucchinischeiben eine Form auslegen, die noch warme Polenta einfüllen und erkalten lassen, zum Servieren in Scheiben schneiden.

12. August

Zucchinikaltschale   N

200 g Zucchini
etwas Salzwasser
300 g Jogurt
frischer Schnittlauch, Petersilie, Dille...
2 Knoblauchzehen
Sonnenblumenöl
Salz
Pfeffer

Zucchini zerkleinern, in ganz wenig Salzwasser aufkochen, pürieren und auskühlen lassen. Jogurt und Sonnenblumenöl einrühren und mit den frisch gehackten Kräutern, Salz, Pfeffer und dem Knoblauch würzen.

Spinatgratin   E

1 kg Spinat
1 Zwiebel
Olivenöl
2 Knoblauchzehen
Salz, Pfeffer
20 Sardinen (ohne Kopf und Gräten)
250 g Sauerrahm
100 g Parmesan

Spinat in kochendem Salzwasser blanchieren und in einem Sieb abtropfen lassen. Die gehackte Zwiebel in Olivenöl goldbraun braten, zerdrückte Knoblauchzehen dazugeben, den Spinat dazugeben und vermischen. In eine bebutterte Auflaufform geben, die Sardinen darauf verteilen, Sauerrahm und Parmesan vermischen, salzen und pfeffern und darübergießen. 20 Minuten im heißen Backrohr überbacken.

13. August

Spagetti mit Gemüsesoße   K

100–200 g Spagetti
600 g gelbe und grüne Zucchini
80 g Zwiebeln
Butter
1 Knoblauchzehe
Salbei, Basilikum
Salz
Pfeffer
1/4 l Schlagobers
Schnittlauch

Spagetti ca. 10 Minuten in viel Salzwasser kochen.
Zucchini fein schneiden und zusammen mit den Zwiebeln in Butter anrösten. Das Schlagobers einrühren und die Sauce aufkochen lassen. Mit Salz, Pfeffer, Knoblauch, Salbei und Basilikum würzen.
Spagetti mit der Gemüsesauce anrichten und mit Schnittlauch garnieren.

14. August

Tomatenbrot K

2 Tomaten
etwas Frischkäse
Schnittlauch
Kräutersalz
Vollkornbrot nach Wahl

Brote mit dem Frischkäse bestreichen und mit Tomatenscheiben belegen.
Mit Kräutersalz würzen und mit Schnittlauch bestreuen.

Pikante Eierschwammerln N

400 g Eierschwammerln
1 Zwiebel
30 g Butter
Salz
Pfeffer
Muskatnuss
Petersilie

Die Zwiebel fein hacken, in heißer Butter glasig dünsten, die Eierschwammerln dazugeben und so lange dünsten, bis die Flüssigkeit eingekocht ist. Mit den Gewürzen abschmecken und mit gehackter Petersilie bestreuen.

15. August

**Provencalischer Eintopf
mit Huhn** E

1 Huhn
1 1/2 Wasser
Salz
3 Pimentkörner
3 Pfefferkörner
1 Lorbeerblatt
1 Suppengrün
1 Zwiebel
2 Knoblauchzehen
200 g Auberginen
250 g Zucchini
400 g Tomaten
2 EL Olivenöl
Rosmarinzweig
Thymian

Das Huhn in Wasser mit Salz, Lorbeerblatt, Piment- und Pfefferkörnern aufsetzen und ca. 1 1/2 Stunden auf kleiner Flamme ziehen lassen. Suppengrün nach 30 Minuten dazugeben. Zwiebel und Knoblauch würfeln, Auberginen und Zucchini in kleine Stücke schneiden, Tomaten schälen und achteln.
Zwiebel und Knoblauch in heißem Öl glasig werden lassen. Gemüse, Thymian und Rosmarin dazugeben, mit Brühe aufgießen und 10 Minuten dünsten. Das Huhn häuten, das Fleisch von den Knochen lösen, in kleine Stücke zerteilen und zum Gemüse dazugeben.

16. August

Blattsalat mit Eierschwammerln K

1 grüner Blattsalat nach Wahl
1 Radicchio
500 g Eierschwammerln
2 EL Öl
Salz
Pfeffer
120 g gekochte Kartoffeln
1/8 l Brottrunk
200 ml Gemüsebrühe
4 EL Öl

Den Salat waschen und zerpflücken, die Eierschwammerln ebenfalls waschen und bei Bedarf halbieren.
Die Pilze in einer Pfanne mit heißem Öl anrösten, salzen und pfeffern.
Die gekochten Kartoffeln schälen, zerdrücken und mit dem Brottrunk, der Gemüsebrühe und dem Öl pürieren.
Alle Zutaten vermischen und nochmals pikant abschmecken.

Jogurtdrink mit Kiwi E

4 Kiwi
3 Becher Jogurt

Kiwi schälen und grob zerkleinern, zusammen mit dem Jogurt im Mixer pürieren. In Gläser abfüllen und servieren.

17. August

Gemüseallerlei K

400 g gekochte Kartoffeln
1/4 TL Salz
Öl
100 g Karfiol
100 g Lauch
100 g Karotten
Salz
Pfeffer
Schnittlauch
Petersilie

Kartoffeln schälen und grob reiben, Karfiol und Karotten klein schneiden und in wenig Salzwasser bissfest kochen.
Den Lauch in Ringe schneiden und in heißem Öl andünsten, die geriebenen Kartoffeln und das Gemüse dazugeben und mit Salz und Pfeffer würzen. Auf kleiner Flamme ca. 15 Minuten goldgelb braten (nicht umrühren) und dann wenden. Die zweite Seite ebenfalls 15 Minuten goldgelb braten. Vor dem Servieren mit Schnittlauch und Petersilie bestreuen.

18. August

Marillen-Haferflockenmüsli   K

50 g getrocknete Marillen
etwas Wasser
1 Becher Jogurt
50 g Haferflocken
ein paar Tropfen kaltgepresstes Öl

Am Tag davor die Marillen in Wasser einweichen, am nächsten Morgen klein schneiden und mit dem Einweichwasser mit dem Jogurt und den Haferflocken vermischen.

Auberginen mit Tomaten   E

500 g Auberginen
500 g Tomaten
2 Knoblauchzehen
125 ml Olivenöl
etwas Salz, Pfeffer
1 TL Oregano
125 ml Weißwein
3 EL Basilikum

Die Auberginen in Scheiben schneiden und in einer Pfanne mit dem Olivenöl anbraten, danach gut abtropfen lassen.
Die Tomaten schälen und würfelig schneiden und zusammen mit dem Knoblauch im verbliebenen Öl anbraten. Mit Salz, Oregano und Pfeffer würzen. Den Wein dazugießen und alles etwa 20 Minuten kochen lassen, bis eine dickliche Soße entstanden ist. Die Auberginenscheiben in die Soße einlegen und das Basilikum unterrühren.

19. August

Karfiolsalat
mit Heidelbeermarinade   K

1 Karfiol
Eisbergsalat
100 g Heidelbeeren
100 g Jogurt
50 g Sauerrahm
Salz, Pfeffer
4 TL Sonnenblumenkerne
frische Kresse

Den Karfiol in Röschen zerteilen und in Salzwasser bissfest kochen.
Ein paar Salatblätter zerpflücken und auf Teller anrichten.
Die Heidelbeeren mit dem Jogurt, dem Sauerrahm, Salz und Pfeffer pürieren und über die Salatblätter und die Karfiolröschen gießen. Mit frischer Kresse und gerösteten Sonnenblumenkernen garnieren.

20. August

Blattspinat mit Spiegelei E

250 g frischer Blattspinat
50 g Zwiebeln
1 Knoblauchzehe
Salz, etwas Pfeffer
etwas Butter
2 Eier

Den Blattspinat putzen, waschen und in Wasser kurz aufkochen, dann abseihen. Die Zwiebeln und den Knoblauch fein schneiden, in etwas Butter anrösten und den Spinat dazugeben. Zum Schluß mit Salz und Pfeffer würzen. Die Eier in eine Pfanne mit etwas Butter schlagen, braten, auf dem Spinat anrichten und servieren.

Sommersalat E

1 Kopfsalat
1/2 Salatgurke
3 Tomaten
1 gelbe und 1 grüne Paprikaschote
Schnittlauch
frische Kräuter
1 kleine Zwiebel
1/8 l verdünnter Essig
Salz, Pfeffer
Knoblauch
1 TL Senf

Den Salat waschen und zerpflücken, die Gurke schälen und blättrig schneiden, die Tomaten vierteln, die Paprika entkernen und würfelig schneiden, die Zwiebel fein hacken. Alles zusammen in eine Schüssel geben, mit der Marinade übergießen und vorsichtig mischen. Mit frisch gehackten Kräutern und Schnittlauch bestreuen.

21. August

Pikantes Huhn E

500g Hühnerbrüstchen
Salz, Pfeffer
Salbei
80 g Zwiebeln
5 g Paprikapulver
4 cl Weißwein
1 gelbe Paprikaschote
1 grüne Paprikaschote
1/8 l Schlagobers
Öl

Hühnerbrüstchen in Streifen schneiden, Zwiebeln schälen, fein würfeln und beides zusammen in heißem Öl anrösten. Mit dem Paprikapulver, Salz, Pfeffer und Salbei würzen, mit dem Weißwein aufgießen und leicht dünsten.
Paprikaschoten in feine Streifen schneiden und gemeinsam mit dem Schlagobers dazugeben. Noch einmal aufkochen lassen.

22. August

Gemüsesuppe mit Parmesan E

250 g Karotten
250 g Zucchini
250 g Staudensellerie
1 Bund Lauchzwiebeln
4 EL Öl
Salz, Pfeffer
1 l klare Hühnersuppe
3 Tomaten
1/2 TL Thymian
1 Bund Basilikum
50 g geriebener Parmesan

Das Gemüse putzen, waschen, in Würfel oder Scheiben schneiden und in heißem Öl anschwitzen. Die Hühnersuppe dazugießen, mit Thymian würzen und bei schwacher Hitze 20 Minuten köcheln lassen. Die Tomaten schälen, würfeln und zur Suppe geben. Mit Salz und Pfeffer würzen und mit den gehackten Basilikumblättern und dem Parmesan bestreuen.

Fruchtcreme E

250 g Früchte nach Wahl
250 g Schlagobers
(wenig Apfeldicksaft)

Die Früchte entsprechend vorbereiten und mit dem Mixstab pürieren.
Das Schlagobers steif schlagen und das Früchtemus vorsichtig unterheben. Apfeldicksaft ebenfalls vorsichtig einrühren.

23. August

Zucchiniauflauf E

500 g kleine Zucchini
50 g Speck
1 Zwiebel
1 Knoblauchzehe
1 Öl
250 g Tomaten
Oregano
Salz, Pfeffer
frische Kräuter
200 g Sauerrahm

Zucchini längs halbieren und salzen, Speck und Zwiebel in Würfel schneiden, Knoblauchzehe pressen. Öl erhitzen, Speck, Zwiebel und Knoblauch darin andünsten. Tomaten schälen, in Würfel schneiden und dazugeben, mit Oregano, Salz und Pfeffer abschmecken und die Soße dann in eine Auflaufform geben. Die Zucchinihälften auf die Soße legen, die Kräuter mit dem Sauerrahm mischen, auf den Zucchinihälften verteilen und im vorgeheizten Backrohr bei 175 ° C ca. 30 Minuten überbacken.

24. August

Brot mit Tomaten und Kresse   K

4 Tomaten
Salz
etwas Kürbiskernöl
Kresse
etwas Butter
Vollkornbrot

Die Brote mit etwas Butter bestreichen und mit den in Scheiben geschnittenen Tomaten belegen. Salzen, mit ein paar Tropfen Kürbiskernöl beträufeln und mit der Kresse bestreuen.

Gemüsecremesuppe   N

250 g Spinat
1 Stange Lauch
300 g Broccoli
1 EL Öl
3/4 l Gemüsebrühe
1/8 l Schlagobers
Salz, Pfeffer

Spinat zerkleinern, Lauch in feine Ringe schneiden, Broccoli in Röschen zerteilen. Öl erhitzen, Lauch 2 Minuten andünsten, Spinat hinzufügen, dann Broccoli ebenfalls dazugeben und mit Gemüsebrühe aufgießen, salzen und pfeffern.
Alles zugedeckt 10–15 Minuten köcheln lassen. Alles pürieren und das Schlagobers einrühren.

25. August

Sommerlicher Gemüsetopf   E

3 Karotten
1 kleine Sellerieknolle
1 rote Zwiebel
1 weiße Zwiebel
6 Knoblauchzehen
1 Lauchstange
3 EL Olivenöl
250 g grüne Bohnen
Salz, Pfeffer
1 Paprikaschote
5 Tomaten
1 TL Gemüsebrühe
Sojasoße
Petersilie
Parmesan

Karotten, Sellerie, Zwiebeln, Knoblauch und Lauch klein schneiden und in einem Topf mit heißem Öl andünsten.
Bohnen putzen, schneiden und in Salzwasser blanchieren, Paprika und geschälte Tomaten in Würfel schneiden und alles in den Topf geben. Mit Wasser aufgießen, salzen, Gemüsebrühe einrühren, pfeffern und mit Sojasoße würzen.
Zugedeckt etwa 30 Minuten köcheln lassen, zuletzt mit gehackter Petersilie und frisch geriebenem Parmesan bestreuen.

26. August

Heidelbeermarmelade K

250 g Heidelbeeren
3 EL Honig
wenig Zitronensaft

Heidelbeeren gut waschen, mit dem Honig und dem Zitronensaft verrühren und mit dem Mixer pürieren. Man kann die Marmelade auch nicht pürieren, wenn man die Beeren ganz haben möchte. In ein Glas mit Schraubverschluss füllen und im Kühlschrank lagern (bleibt ca. 10-14 Tage frisch).

Karfiol in Bröselbutter K

1 Karfiol
70 g Butter
50 g Brösel
Petersilie
Salz

Den Karfiol in Röschen teilen und in Salzwasser kochen. Butter in einer Pfanne zergehen lassen, die Brösel einstreuen und salzen. Den gekochten Karfiol aus dem Wasser nehmen, abtropfen lassen, mit der Bröselbutter übergießen und mit gehackter Petersilie bestreuen.

27. August

Rotbarschfilets mit Tomaten E

800 g Rotbarschfilet
Zitronensaft
600 g Tomaten
2 Avocados
Salz
Pfeffer
30 g Butter
1/4 l Weißwein
100 g Creme fraiche

Fischfilets gründlich waschen, trockentupfen, in vier Portionen teilen und mit Zitronensaft beträufeln, salzen und pfeffern und im heißen Fett ca. 8 Minuten braten.
Herausnehmen und warm stellen.
Tomaten und Avocados in die Pfanne geben, mit Wein und Creme fraiche aufgießen und kurz ziehen lassen. Nochmals pikant abschmecken.

28. August

Salat Tropicana   E

1 Eisbergsalat
3 Champignons
1 Zwiebel
1 Tomate
1 Scheibe Ananas
2 EL Öl
schwarzer Pfeffer
Currypulver
Obstessig

Die frische Ananas ca. 1 Minute in kochendes Wasser legen. Alle Zutaten waschen, klein schneiden und in eine Schüssel geben. Die kurz abgekochte Ananasscheibe ebenfalls würfeln und dazugeben. Mit der Salatsoße abschmecken und ca. 15 Minuten ziehen lassen.

Jogurtgetränk   N

3 Becher Jogurt
etwas Salz
gemahlener Kümmel
1/2 l Mineralwasser
Minzeblätter

Jogurt glattrühren, Salz, Kümmel und nach und nach das Mineralwasser einrühren. Vor dem Servieren mindestens 1 Stunde kalt stellen, dann mit Minzeblättern garnieren.

29. August

Minestrone   K

150 g getrocknete weiße Bohnen
1 Zwiebel
1 Selleriestaude
2 EL Butter
1 EL Olivenöl
1 EL Tomatenmark
1 1/2 l Suppe
1 Stange Lauch
2 Karotten
2 Zucchini
2 Kartoffeln
1 Knoblauchzehe
Petersilie
2 Salbeiblätter
75 g Speck
100 g Hörnchen
150 g Erbsen (tiefgekühlt)
Salz, Pfeffer

Die Bohnen am Vorabend in Wasser einweichen und mindestens 12 Stunden quellen lassen. Die Zwiebel fein hacken, Sellerie in dünne Scheiben schneiden. Butter und Olivenöl erhitzen, die Zwiebel und den Sellerie darin etwa 5 Minuten anbraten, Tomatenmark mit 3/4 l Suppe verrühren und dazugießen. Die Bohnen ebenfalls dazugeben und alles zum Kochen bringen. Den Lauch in Scheiben schneiden, die Karotten, Zucchini und Kartoffeln in kleine Würfel schneiden und in den Suppentopf geben. Zugedeckt bei schwacher Hitze köcheln lassen.
Knoblauch, Petersilie, die Salbeiblätter und den Speck mit dem Wiegemesser ganz fein hacken, mit der restlichen Suppe verrühren, in die Gemüsesuppe eingießen und noch etwa 15 Minuten weiterköcheln lassen. Die Hörnchen und die Erbsen in die Suppe geben und die Hörnchen darin al dente kochen, mit Salz und Pfeffer abschmecken.

30. August

Lauchcremesuppe   K

200 g Lauch (weißer Teil)
1 Zwiebel
Butter
2 EL Mehl
1 l Suppe
Salz, Pfeffer
1 Knoblauchzehe
Sauerrahm oder Creme fraiche

Lauch und Zwiebel fein schneiden und in der Butter leicht anrösten, mit dem Mehl stauben, noch leicht mitrösten, mit der kalten Suppe aufgießen, salzen und pfeffern. Zerdrückte Knoblauchzehe dazugeben, aufkochen lassen, mit dem Mixstab pürieren und mit Sauerrahm oder Creme fraiche verfeinern.

Bohnengemüse pikant   E

2 Zwiebeln
4 Tomaten
4 EL Olivenöl
750 g grüne Bohnen
Salz, Pfeffer
1/8 l Wasser
Rotweinessig
Petersilie

Tomaten schälen und würfelig schneiden, Zwiebeln ebenfalls fein schneiden und beides in heißem Öl andünsten. Die Bohnen dazugeben, mit den Gewürzen abschmecken und mit Wasser aufgießen. Ca. 15 Minuten kochen, mit Essig abschmecken und mit gehackter Petersilie bestreuen.

31. August

Zucchinirouladen   E

1 kg Zucchini
6 EL Olivenöl
Salz, Pfeffer
5 Knoblauchzehen
500 g Mozzarella
200 g Tomatenpüree
1 Bund Petersilie
1 Bund Basilikum
500 g Tomaten

Zucchini der Länge nach in dünne Scheiben schneiden, in heißem Öl rasch beidseitig braten, salzen und pfeffern. Zuletzt den zerdrückten Knoblauch dazugeben. Mozzarella würfelig schneiden, jeweils 1 Käsewürfel, 1 TL Tomatenpüree, 1 Petersilien- und 1 Basilikumblatt auf eine Zucchinischeibe legen, dann einrollen und nebeneinander in eine feuerfeste Form stellen. Die geschälten Tomaten würfeln, zusammen mit dem restlichen Mozzarella zwischen die Zucchiniröllchen verteilen. Salzen, pfeffern und mit Olivenöl beträufeln. Etwa 20 Minuten im Backrohr überbacken.

1. September

Gemüsereis K

*2 rote Paprikaschoten
1 Stange Lauch
40 g Butter
250 g Vollkornreis
2 TL Currypulver
3/4 l Gemüsebrühe
50 g Cashewkerne
200 g Schlagobers
Salz, weißer Pfeffer*

Paprikaschoten und Lauch fein schneiden und in heißem Fett anbraten.
Den Reis einrühren, Curry beifügen und unter Rühren anschwitzen. Mit der Gemüsebrühe aufgießen und ca. 30 Minuten garen. Die Cashewkerne und das Schlagobers unterrühren und mit Salz, Pfeffer und Curry pikant abschmecken.

Obstsalat E

*600 g frische Äpfel, Birnen, Orangen, Erdbeeren, Kiwi
Zitronensaft
1/8 l Orangensaft
eventuell ein paar ausgelöste Walnüsse
Schlagobers*

Das Obst schälen oder waschen, blättrig schneiden und mit Zitronensaft beträufeln. Die Früchte mit Orangensaft verfeinern, ein paar Walnüsse dazugeben und mit geschlagenem Obers servieren.

2. September

Kürbissuppe mit Karotten   K

400 g Kürbisfleisch
100 g Karotten
60 g Zwiebeln
20 g Butter
1 EL Mehl
1 l Wasser
2 Knoblauchzehen
Salz
etwas Suppenwürze
Muskatnuss
1/8 l Schlagobers

Das Kürbisfleisch in kleine Stücke schneiden und zusammen mit den Zwiebeln, dem Knoblauch und den klein geschnittenen Karotten in etwas Butter anrösten. Mit dem Mehl stauben, weiterrösten, mit dem Wasser aufgießen und aufkochen lassen.
Mit Salz, Suppenwürze und Muskatnuss würzen.
Mit dem Mixstab aufschäumen und mit dem Schlagobers noch einmal aufkochen.

Traubenjogurt   E

4 Becher Jogurt
500 g weiße und rote Weintrauben

Die Weintrauben halbieren, das Jogurt glattrühren und die Trauben unterheben.

3. September

Kartoffelnudeln mit gebratenen Zucchini   K

500 g mehlige Kartoffeln
170 g Vollkornmehl
2 Eidotter
Muskatnuss
Öl zum Ausbacken
4 Zucchini
2 Knoblauchzehen
Salz
Olivenöl
Schnittlauch

Die Kartoffeln kochen, durch die Presse drücken und mit den restlichen Zutaten zu einem Teig verarbeiten. Den fertigen Kartoffelteig zu einer Rolle formen, in gleich große Stücke schneiden und diese zu Nudeln formen. In tiefem Öl ausbacken und auf einem Küchenpapier abtropfen lassen. Die Zucchini in dünne Scheiben schneiden und zusammen mit dem zerdrückten Knoblauch in heißem Olivenöl anrösten. Mit Salz abschmecken und mit Schnittlauch bestreuen.

4. September

Karfiol mit Äpfeln   E

1 kg Karfiol
Salz, Pfeffer
Muskatnuss
500 g Äpfel
Zitronensaft
2 EL Butter

Karfiol in Röschen zerteilen und in Salzwasser mit einer Prise Muskatnuss ca. 20 Minuten garen. Äpfel schälen, vierteln und in grobe Scheiben schneiden, mit Zitronensaft beträufeln und in zerlassener Butter andünsten. Den Karfiol abgießen, zu den Äpfeln geben, mit Pfeffer und Salz würzen und nochmals kurz ziehen lassen.

Blattsalat mit frischem Schafskäse   E

Blattsalate nach Wahl
2 Tomaten
1 Knoblauchzehe
1/2 Zwiebel
2 EL Weinessig
Salz, Pfeffer
etwas Senf
3 EL Öl
150 g Schafskäse

Den Salat zerpflücken, die Tomaten in Scheiben schneiden, die Zwiebel in Ringe schneiden und den Knoblauch fein zerdrücken.
Alles vermischen, mit der Marinade übergießen und den zerbröckelten Schafskäse darübergeben.

5. September

Rehrücken mit Mangold   E

600 ausgelöster Rehrücken
Rosmarin, Salbei
etwas Öl
300 g Mangold
Salzwasser
50 g Zwiebeln
50 g Speck
etwas Butter
Salz, Pfeffer
Orangensaft
Muskatnuss

Den Rehrücken mit Salz, Pfeffer, Rosmarin und Salbei würzen und an beiden Seiten anbraten (sollte innen noch rosa sein). Den Mangold waschen, in dickere Streifen schneiden, in etwas Salzwasser kurz aufkochen, abseihen und mit kaltem Wasser übergießen. Zwiebeln und Speck fein schneiden und in Butter anrösten. Den Mangold dazugeben und kurz mitrösten. Mit Salz, Pfeffer, Orangensaft und Muskatnuss würzen.

6. September

Zucchinirisotto   K

150 g Naturreis
doppelte Menge Wasser
Salz
100 g Zucchini
1 EL Butter
60 g Zwiebeln
2 Knoblauchzehen
3 EL Sauerrahm
etwas gehackte Petersilie

Den Reis kochen und quellen lassen.
Die Zwiebeln schälen und fein schneiden,
die Zucchini fein raffeln, den Knoblauch
zerdrücken und alles zusammen mit etwas
Butter anrösten.
Den Reis dazugeben, mit Sauerrahm verfeinern und noch kurz ziehen lassen. Mit
gehackter Petersilie bestreuen.

Blattspinat mit Speck   N

500 g frischer Spinat
50 g Speckwürfel
1 Zwiebel
1 Knoblauchzehe
etwas Öl
etwas Salz, Pfeffer
Muskatnuss
100 g Frischkäse

Spinat waschen und in kochendem Wasser
kurz blanchieren, abseihen und gut abtropfen lassen. Die in Ringe geschnittene
Zwiebel mit den Speckwürfeln in etwas Öl
anbraten, den Spinat und die zerdrückte
Knoblauchzehe dazugeben und mit den
Gewürzen pikant abschmecken.
Zuletzt den Frischkäse einrühren und
nochmals kurz ziehen lassen.

7. September

Kartoffelgulasch mit Kürbis   K

500 g Kartoffeln
800 g Kürbis
500 g Zwiebeln
250 g Champignons
1 Knoblauchzehe
2 grüne Pfefferoni
2 EL Butter
2 EL Paprikapulver
1/4 l Gemüsebrühe
1 EL Tomatenmark
1 TL Kümmel
Salz
Pfeffer
180 g Sauerrahm

Zwiebeln und Knoblauch fein hacken,
Pfefferoni in Vierecke schneiden, Champignons blättrig schneiden, Kürbis entkernen,
vom Kürbisfleisch Kugeln ausstechen,
Kartoffeln in Würfel schneiden.
Champignons in heißer Butter dünsten,
aus der Pfanne nehmen, restliche Butter
zerlassen, Zwiebeln und Knoblauch darin
anschwitzen, Pfefferoni und Kürbis dazufügen und gut dünsten. Paprikapulver einrühren und mit der Suppe aufgießen.
Tomatenmark, Kümmel, Salz und Pfeffer
beifügen, alles gut vermischen, Kartoffeln
dazugeben, aufkochen lassen und zugedeckt ca. 30 Minuten köcheln lassen. Zuletzt die Champignons und den Sauerrahm
dazugeben und nochmals abschmecken.

8. September

Wurstsalat mit Mortadella E

400 g Mortadella
1 Kopf Endiviensalat
1 Fenchelknolle
1 Chicorée
1/2 Salatgurke
1 Bund Radieschen
1 Bund Brunnenkresse
2 hartgekochte Eier
4 EL Rotweinessig
8 EL Olivenöl
1 Zwiebel
Salz
Pfeffer
1 TL Senf

Essig, Öl, fein geschnittene Zwiebel und Gewürze gut verrühren. Wurst in feine Streifen schneiden. Endiviensalat, Fenchelknolle und Chicorée ebenfalls in Streifen schneiden, Gurke und Radieschen in feine Scheiben schneiden, Eier achteln. Die Salatsoße vorsichtig mit den Salatzutaten vermengen, mit Kresse und Eiern garnieren.

Zucchinisalat E

800 g junge Zucchini
Salz, Pfeffer
Zitronensaft
4 EL Olivenöl
frisches Basilikum

Zucchini in Scheiben schneiden und in gesalzenem Wasser blanchieren. Gut abtropfen lassen, salzen und pfeffern, mit Zitronensaft und Öl übergießen, 15 Minuten ziehen lassen und mit Basilikum bestreut servieren.

9. September

Hechtfilet natur mit Gemüse E

400 g Hechtfilets
Sojasoße
weißer Pfeffer
Zitronensaft
Öl
300 g frisches Gemüse (Karfiol, Broccoli, Karotten...)
Salzwasser
etwas Butter
Salz
Pfeffer

Hechtfilets mit Salz, Sojasoße, etwas Pfeffer und ein paar Tropfen Zitronensaft würzen. Das Gemüse putzen, in kochendem Salzwasser bissfest kochen, abseihen, in Butter schwenken und mit Salz und Pfeffer würzen. Warm stellen.
Den Hecht in einer Pfanne mit heißem Öl auf beiden Seiten braten und mit dem fertigen Gemüse anrichten.

10. September

Vollkornnudeln mit frischen Pilzen   K

100–150 g Vollkornnudeln
Salzwasser
100 g Herren- oder Steinpilze
etwas Salz
frischer Majoran, Thymian und Petersilie
etwas Butter
2 Knoblauchzehen

Die geputzten und gewaschenen Pilze in Scheiben schneiden und in einer Pfanne mit etwas Butter kurz anrösten, salzen und den fein geschnittenen Knoblauch dazugeben. Die Vollkornnudeln in reichlich Salzwasser kochen und abseihen. Mit den Pilzen und mit den gehackten Kräutern vermischen.

Heidelbeermüsli   K

100 g Magertopfen
1/8 l Buttermilch
250 g Heidelbeeren
1 EL Honig
3 EL Haferflocken
1 EL gestiftelte oder gehobelte Mandeln

Topfen, Buttermilch und Honig gut verrühren, die Heidelbeeren einrühren und mit den Haferflocken und den Mandeln bestreuen.

11. September

Mangold mit Pinienkernen   E

750 g Mangold
2 EL Butter
3 Knoblauchzehen
Salz
Pfeffer
Cayennepfeffer
4 EL Creme fraiche
2 EL Balsamicoessig
2 EL Pinienkerne

Den Mangold waschen, an den Enden abschneiden, die Blätter von den Stengeln schneiden und die Stengeln in Streifen schneiden. Die Butter erhitzen, die Stengelstreifen zufügen und zugedeckt 8 Minuten bei schwacher Hitze dünsten. Den zerdrückten Knoblauch und die Blätter untermischen, salzen, pfeffern und mit Cayennepfeffer abschmecken. Creme fraiche und Essig einrühren und einmal aufkochen lassen. Die trocken gerösteten Pinienkerne über den Mangold streuen.

12. September

Seelachsfilets mit gefüllten Tomaten E

600 g Seelachsfilet
1 Bund Basilikum
4 Tomaten
1/2 Salatgurke
1 Zwiebel
1 rote Paprikaschote
1 Zucchini
1 Chilischote
Zitronensaft
2 EL Öl
Salz
Pfeffer

Seelachsfilet in vier Stücke teilen, mit Salz und Pfeffer würzen, auf beiden Seiten mit Basilikumblättchen belegen, in Alufolie einpacken und im Backrohr bei 180° C ca. 20 Minuten garen.
Von den Tomaten einen "Deckel" abschneiden, aushöhlen und zur Seite stellen. Gurke und Zwiebel schälen, Paprika entkernen und zusammen mit dem Tomatenfleisch und der Zucchini faschieren, mit Chili, Zitronensaft, Pfeffer und Salz abschmecken, Öl einrühren und in die ausgehöhlten Tomaten füllen.

13. September

Butterbrot mit grünem Paprika K

Butter
2 grüne Paprikaschoten
etwas Salz
Vollkornbrot

Die Brote mit Butter bestreichen, mit in Ringe geschnittenem Paprika belegen und mit Salz bestreuen.

Bohnengemüse mit Tomaten E

250 g grüne Bohnen
250 g Tomaten
1 Zwiebel
3 EL Öl
Salz
Pfeffer

Die Bohnen waschen, in Stücke schneiden und kurz in kochendem Salzwasser blanchieren. Die Tomaten schälen und würfelig schneiden, die Zwiebel fein schneiden und in heißem Öl anbraten, Tomaten und Bohnen dazugeben. Ca. 30 Minuten ziehen lassen und mit Salz und Pfeffer abschmecken.

14. September

Kürbisgemüse N

1 kg Kürbis
2 Schalotten
20 g Butter
Cayennepfeffer
1 Kümmel
1 Knoblauchzehe
1 EL gemahlener Kreuzkümmel
1/2 Stange Lauch
1 TL Currypulver
etwas Kümmel
1/4 l Gemüsebrühe

Das Kürbisfleisch in kleine Stücke schneiden und mit der Butter und den feingeschnittenen Schalotten andünsten. Den zerdrückten Knoblauch dazugeben und mit der Gemüsebrühe aufgießen. Die Gewürze hinzufügen, alles gut vermischen und zugedeckt 10 Minuten köcheln lassen. Zuletzt den in Scheiben geschnittenen Lauch dazugeben und kurz ziehen lassen.

15. September

Putenspieß im Speckmantel E

400 g Putenbrust
100 g Bauchspeck in Scheiben
1 rote Paprikaschote
1 kleine Zwiebel
Öl

Putenbrust in etwas größere Würfel schneiden, roten Paprika entkernen und in Vierecke schneiden, Zwiebel ebenfalls in Vierecke schneiden. Paprika, Zwiebel und Fleisch abwechselnd auf Spieße aufstecken, diese dann mit den Speckscheiben umwickeln, in einer Pfanne mit heißem Öl anbraten und auf kleiner Pfanne ziehen lassen.

Birnenschale E

3 Birnen
250 g Topfen
Schlagobers
etwas Zimt

Die Birnen klein schneiden und mit dem Topfen verrühren. Mit Schlagobers garnieren und mit Zimt bestreuen.

16. September

Tomatensalat mit Schafskäse   E

500 g Tomaten
1 grüne Paprikaschote
1/2 Salatgurke
2 EL schwarze Oliven
1 Zwiebel
200 g Schafskäse
1 Blattsalat nach Wahl
4 EL Essig
etwas Salz
1/8 l Olivenöl

Die Tomaten in Scheiben schneiden, die Paprikaschote in Streifen schneiden, die Salatgurke schälen und ebenfalls in feine Scheiben schneiden. Die Zwiebel in Ringe schneiden und den Blattsalat zerpflücken. Alles miteinander vermischen und die abgetropften Oliven und den zerbröckelten Schafskäse dazugeben. Mit der Marinade übergießen.

Mangold mit Zwiebeln und Speck   N

200–300 g Mangoldblätter
Salzwasser
80 g Speck
80 g Zwiebeln
Muskatnuss
Salz, Pfeffer
etwas Butter
2 Knoblauchzehen

Mangoldblätter in breite Streifen schneiden und in Salzwasser blanchieren. Speck und Zwiebeln würfelig schneiden, in etwas Butter anrösten, Mangold dazugeben, mit Salz, Pfeffer, Muskatnuss und Knoblauch würzen.

17. September

Gemüseauflauf mit Frischkäse   N

450 g Broccoli
500 g Karotten
350 g Kohlrabi
200 g Frischkäse mit Kräutern
1 Zwiebel
1 EL Butter
250 g Schlagobers
1 TL Senf
Salz
Pfeffer

Broccoli in Röschen teilen, Karotten und Kohlrabi in dünne Scheiben schneiden und nacheinander in kochendem Salzwasser blanchieren. Zwiebel fein schneiden, in Butter anrösten, mit Schlagobers aufgießen und den Frischkäse einrühren. Mit Senf, Salz und Pfeffer abschmecken.
Die Gemüse in eine befettete Auflaufform schichten, salzen und pfeffern und mit der Käsesoße übergießen. Im Backrohr bei 200° C ca. 30 Minuten überbacken.

18. September

Gemüsesandwich   K

1 Karotte
4 Salatblätter
Lauch
etwas Stangensellerie
4 EL Sauerrahm
etwas Salz
etwas Butter
Schnittlauch
Vollkornbrot

Karotte raffeln, Lauch und Stangensellerie ganz fein schneiden und mit dem Sauerrahm vermischen. Mit wenig Salz würzen. Die Brote mit Butter bestreichen, mit jeweils einem Salatblatt belegen, die Gemüsemasse daraufstreichen und mit Schnittlauch bestreuen. Zum Abschluß noch eine Scheibe Brot daraufsetzen.

Tomatensalat   E

1 kg Tomaten
1 Zwiebel
1 EL schwarze Oliven
5 EL Olivenöl
6 EL milder Essig
frisch gemahlener Peffer, Salz
1 Knoblauchzehe

Tomaten waschen, putzen und klein schneiden, die Zwiebel schälen und in Ringe schneiden.
Tomaten, Zwiebel und Oliven in eine Schüssel geben und mit der Marinade übergießen.

19. September

Knoblauch-Ratatouille   E

2 EL Olivenöl
6 Knoblauchzehen
1 Zwiebel
1 gelbe Paprikaschote
1 rote Paprikaschote
300 g Zucchini
1 Aubergine
2 EL Tomatenmark
1/8 l Gemüsebrühe
1/2 Bund Petersilie
1 Rosmarinzweig
2 Thymianzweige
2 Lorbeerblätter
Salz, Pfeffer
500 g Tomaten

Öl erhitzen, Knoblauchzehen zerdrücken, Zwiebel in Ringe schneiden und beides kurz darin anrösten.
Paprikaschoten und Zucchini in Streifen, Aubergine in grobe Würfel schneiden, dazugeben und 5 Minuten dünsten.
Tomatenmark und Gemüsebrühe einrühren, 10 Minuten dünsten und gelegentlich umrühren.
Mit den Kräutern, Salz und Pfeffer abschmecken, zuletzt die geschälten und geviertelten Tomaten dazugeben und noch kurz ziehen lassen.

20. September

Rote Fischsuppe E

15 g Öl
100 g rote Paprikaschote
100 g grüne Paprikaschote
100 g gelbe Paprikaschote
200 g Zwiebel
150 g rote Rüben
250 ml Tomatensaft
Salz, Pfeffer
Paprikapulver
etwas Gemüsebrühe
200 g Fischfiletstücke
Petersilie

Zwiebeln und Paprika fein schneiden, rote Rüben grob raspeln und alles in dem heißen Öl anbraten. Mit dem Tomatensaft aufgießen und mit Salz, Pfeffer und Paprika würzen. Leicht köcheln lassen, eventuell noch etwas Gemüsebrühe dazugießen. Den Fisch in die Suppe legen und ziehen lassen, zuletzt mit gehackter Petersilie bestreuen.

Kohlrabisalat mit Walnüssen E

2 Kohlrabi, 200 g Stangensellerie
2 Äpfel
4 EL Zitronensaft, 4 EL Apfelsaft
Salz, Pfeffer
1 EL Sauerrahm, 150 g Jogurt
50 g Walnusskerne

Kohlrabi, Äpfel und Sellerie grob hobeln. 2 EL Zitronensaft, Apfelsaft, Salz und Pfeffer verrühren, mit den Salatzutaten mischen und 10 Minuten durchziehen lassen. Jogurt mit restlichem Zitronensaft und Sauerrahm verrühren und mit den Walnüssen unter den Salat mischen.

21. September

Gefüllte Auberginen N

2 Auberginen
80 g Zwiebeln
1 gelbe Paprikaschote
1 rote Paprikaschote
100 g Champignons
2 Knoblauchzehen
Salz
Pfeffer
Salbei, Rosmarin
1 TL Tomatenmark
Butter
etwas Gemüsebrühe

Paprika und Champignons waschen, würfelig schneiden und zusammen mit den fein geschnittenen Zwiebeln in etwas Butter anrösten. Mit Salz, Pfeffer, Salbei, Knoblauch und Rosmarin würzen. Das Tomatenmark dazugeben und mit etwas Gemüsebrühe aufgießen. Auberginen in Scheiben schneiden, in einer Pfanne von beiden Seiten anbraten, in eine befettete Form schichtweise Auberginen und Fülle einlegen. Mit einer Küchenfolie abdecken und im Rohr bei 180° ca. 15 Minuten backen.

22. September

Nudelsalat mit Zucchini   K

250 g Bandnudeln (Vollkorn)
Salz, schwarzer Pfeffer
250 g Zucchini
2 Tomaten
1 Zwiebel
1 Bund Basilikum
1/4 l Brottrunk
6 EL Olivenöl

Die Nudeln in kochendem Salzwasser bissfest kochen, eiskalt abschrecken und sehr gut abtropfen lassen.
Die Zucchini grob raspeln. Die Tomaten häuten und in feine Streifen schneiden, die Zwiebel sehr fein hacken, das Basilikum in feine Streifen schneiden. Alle Zutaten mit den Nudeln in eine große Schüssel geben, Brottrunk mit Salz, Pfeffer und Olivenöl verrühren, über den Salat gießen und alles gut mischen.

23. September

Zucchinicremesuppe   E

600 g Zucchini
1 Zwiebel
Butter
1/2 l Milch
1/2 l Wasser
Salz, Muskatnuss, Basilikum
1 Knoblauchzehe
1/8 l Creme fraiche

Zucchini waschen, in kleine Stücke schneiden, zusammen mit der fein geschnittenen Zwiebel und dem zerdrückten Knoblauch in der Butter leicht anrösten. Mit Milch und Wasser aufgießen und aufkochen lassen. Mit Salz und Muskatnuss würzen und gehacktes Basilikum dazugeben. Die Suppe pürieren und mit der Creme fraiche verfeinern.

Gefüllte Tomaten mit Schafskäse   E

4 Fleischtomaten
Salz, Pfeffer, Paprikapulver
Schafskäse
75 g Gouda
100 g Sauerrahm
30 g Pinienkerne
Basilikum

Von den Tomaten einen Deckel abschneiden, Tomaten aushöhlen und mit Salz und Paprika würzen. Tomatendeckel, Fruchtfleisch und Käse in kleine Würfel schneiden, mit Sauerrahm, gehackten Pinienkernen, Pfeffer und gehackten Basilikumblättern mischen. Die Masse abschmecken und in die Tomaten füllen. Tomaten in eine gefettete Auflaufform geben und im vorgeheizten Backofen gratinieren.

24. September

Gemüse süß-sauer E

4 Auberginen
3 gelbe Paprikaschoten
4 Tomaten
4 Stangen Staudensellerie
1 Zwiebel
2 EL Olivenöl
50 g grüne Oliven
Salz
30 g Pinienkerne
etwas Essig
frische Kräuter

Auberginen, Paprika, Tomaten und Sellerie putzen und grob würfeln. Zwiebel in feine Ringe schneiden, alles zusammen in heißem Öl anschwitzen, die Oliven und Salz dazugeben und ca. 30 Minuten dünsten. Zuletzt die Pinienkerne und den Essig beifügen und einkochen lassen.
Mit den gehackten Kräutern bestreuen.

Brot mit Avocadotopfen K

1 Avocado
wenig Zitronensaft
Salz, Pfeffer, Dille
200 g Topfen
Vollkornbrot

Die Avocado halbieren, schälen und das Fruchtfleisch klein würfeln. Sofort mit Zitronensaft beträufeln und mit dem Topfen vermischen. Salz, Pfeffer und gehackte Dille unterrühren. Auf die Brote streichen und mit gehackter Dille bestreuen.

25. September

Gefüllte Paprika mit Tomatensoße E

4 Paprikaschoten
1 Zwiebel
1 Knoblauchzehe
1 EL Öl
500 g Faschiertes
Pfeffer
Salz
1 TL Paprikapulver
Majoran
Petersilie
1 Zwiebel
etwas Öl
1 kg Tomaten
Salz, Pfeffer
etwas Gemüsebrühe

Zwiebel und Knoblauch fein hacken und in heißem Öl andünsten. Das Faschierte dazugeben, unter mehrmaligem Umrühren ebenfalls anrösten und mit den Gewürzen abschmecken.
Die Paprika aushöhlen, mit der Fülle füllen und anschließend den Deckel aufsetzen.
Die Zwiebel würfeln, in etwas Öl andünsten, die gewürfelten Tomaten dazugeben und ebenfalls anrösten. Mit der Gemüsebrühe aufgießen und mit den Gewürzen abschmecken.
Die gefüllten Paprika stehend in die Tomatensoße geben und auf kleiner Flamme weich dünsten.

26. September

Überbackener Blattspinat mit Champignons   N

1 kg Blattspinat
500 g Champignons
40 g Butter
1 Zwiebel
1 Knoblauchzehe
Salz
Pfeffer
1/8 l Schlagobers
2 Eidotter
Salz, Pfeffer
Muskatnuss

Spinat putzen, waschen, in einem Topf mit heißem Wasser zugedeckt bei geringer Hitze zusammenfallen lassen. Champignons blättrig schneiden, in einer Pfanne mit heißem Fett zusammen mit der würfelig geschnittenen Zwiebel und dem zerdrückten Knoblauch anschwitzen. Abgetropften Spinat dazugeben, würzen und in eine gefettete Auflaufform geben. Schlagobers, Eidotter, Salz, Pfeffer und Muskatnuss verrühren und darübergießen.
Bei 225° C ca. 20 Minuten gratinieren.

27. September

Gurkenbrot   K

1 Salatgurke
150 g Frischkäse
Dille
Salz
Vollkornbrot

Die Salatgurke gut waschen und mit der Schale in Scheiben schneiden.
Die Brote mit Frischkäse bestreichen, mit gehackter Dille bestreuen und mit den Gurkenscheiben belegen. Leicht salzen.

Marinierte Auberginen und Zucchini   E

400–600 g Auberginen und Zucchini
etwas Olivenöl
1/8 l Balsamicoessig
Salz, Pfeffer
4–6 EL Olivenöl
frische Kräuter
3 Knoblauchzehen

Auberginen und Zucchini blättrig schneiden und in heißem Olivenöl braten. Balsamicoessig, Olivenöl, die frischen Salatkräuter, Salz, Pfeffer und Knoblauch gut miteinander verrühren, über die gebratenen Auberginen und Zucchini gießen und ziehen lassen.

28. September

Rindsfiletspitzen in Champignonsoße   E

500 g Rindsfiletspitzen
Salz, Pfeffer
80 g Zwiebeln
100 g Champignons
Öl, etwas Wasser
1/8 l Schlagobers
Petersilie

Rindsfiletspitzen in Streifen schneiden, mit Salz und Pfeffer würzen. Zwiebeln schälen, fein schneiden, ebenso die Champignons waschen und blättrig schneiden. In einer Pfanne mit wenig heißem Öl das Fleisch rasch anrösten, Zwiebeln und Champignons mitrösten und mit etwas Wasser aufgießen. Das Schlagobers dazugeben, mit Salz und Pfeffer nochmals abschmecken und mit frisch gehackter Petersilie bestreuen.

Spagetti mit Zucchini   K

200 g Spagetti (Vollkorn)
Salzwasser zum Kochen
200 g Zucchini
1 EL Olivenöl
80 g Zwiebeln
Salz, Pfeffer, 2 Knoblauchzehen
Basilikum, Schnittlauch

Spagetti in Salzwasser kochen, Zucchini der Länge nach in dünne Streifen schneiden. Zwiebeln in Öl etwas anrösten und dann die Zucchini dazugeben. Mit Salz, Pfeffer, Knoblauch und Basilikum würzen. Die Spagetti darunterheben, und mit viel Schnittlauch bestreuen.

29. September

Gemüsetopf   E

1 Aubergine
1 rote Paprikaschote
1 gelbe Paprikaschote
1 grüne Paprikaschote
1 Zwiebel
3 Tomaten
1 Zucchini
1 Fenchelknolle
2 Knoblauchzehen
Salz, Pfeffer
Olivenöl
Schafskäse

Paprika und Zwiebeln in Streifen schneiden, Tomaten, Zucchini, Fenchel und Auberginen in Scheiben schneiden, salzen, pfeffern und in einer Pfanne mit dem zerdrückten Knoblauch kurz anbraten. Alles gut durchmischen. Nach Geschmack nochmals würzen, Schafskäse zerbröseln und über das heiße Gemüse geben.

30. September

Marinierte Zucchini   E

500 g Zucchini
2 Knoblauchzehen
1 Chilischote
Olivenöl
Balsamicoessig
Salz, Pfeffer

Zucchini in dünne Scheiben schneiden und auf Küchenkrepp abtropfen lassen. Knoblauch schälen, in Scheiben schneiden, Chilischote in dünne Ringe schneiden. Olivenöl in einer Pfanne erhitzen und die Zucchini portionsweise auf beiden Seiten goldgelb anbraten, dann dachziegelartig in eine flache Form schichten, mit dem Essig beträufeln und mit Knoblauch und Chili bestreuen. Würzen und zum Schluß mit etwas Olivenöl begießen. Zugedeckt im Kühlschrank 24 Stunden ziehen lassen.

Oktober

I. Oktober

Karfiol mit Käsesoße   E

500 g Karfiol
1/8 l Wasser
Salz
20 g Butter
1 Zwiebel
1/8 l Weißwein
200 g Schlagobers
Muskatnuss
Salz, Pfeffer
200 g geriebener Edamer
100 g Frühstücksspeck
4 EL gehackte Petersilie

Karfiol in Röschen zerteilen und in Salzwassser ca. 10 Minuten kochen. Zwiebel in zerlassener Butter glasig dünsten, mit Wein und Schlagobers aufgießen, mit Gewürzen abschmecken und den Käse einrühren. Den Karfiol dazugeben und ziehen lassen.
Speck würfelig schneiden, auslassen, abtropfen lassen und mit der gehackten Petersilie über den Karfiol streuen.

Jogurt mit Dörrzwetschken   K

4 Becher Jogurt
200 g Dörrzwetschken
etwas Zimt

Die Dörrzwetschken mit einem Messer einschneiden und über Nacht in Wasser einweichen. Das Jogurt cremig rühren, die Dörrzwetschken mit dem Saft unterheben und mit Zimt bestreuen.

2. Oktober

Risottoauflauf K

250 g Karotten
450 g Kohlrabi
60 g Butter
1 Prise Zucker
3 EL Wasser
150 g Erbsen
1 Zwiebel
500 g Risottoreis
800 ml Gemüsebrühe
Salz
Pfeffer
1/2 Bund Basilikum
30 g Schafskäse

Karotten und Kohlrabi würfelig schneiden. 40 g Butter erhitzen, das Gemüse, Zucker und Wasser dazugeben, kurz garen, bis die Flüssigkeit verdampft ist, dann die Erbsen unterheben.
Die restliche Butter in einem Topf erhitzen, die würfelig geschnittene Zwiebel und den Risottoreis darin glasig dünsten, mit Gemüsebrühe aufgießen, auf kleiner Flamme etwa 30 Minuten garen, dabei mehrmals umrühren und mit Pfeffer und Salz würzen. Risotto und Gemüse mischen, Basilikum hacken, unterheben, in eine befettete Auflaufform geben, Schafskäse darüberbröseln und bei 220° C im Backrohr kurz überbacken.

3. Oktober

Räucherforellenfilets auf Blattsalat E

4 Räucherforellenfilets
1/16 l Schlagobers
2 EL Kren
1 Blattsalat
2 Kirschtomaten
Zwiebelringe
1/8 l verdünnter Weinessig
3 EL Sonnenblumenöl
Salz
Salatkräuter (Schnittlauch, Kerbel, Kresse...)

Blattsalat waschen, auf einem Teller anrichten und mit der Marinade beträufeln. Die Forellenfilets in kleine Stücke teilen und neben dem Salat arrangieren. Schlagobers aufschlagen, mit dem geriebenen Kren und etwas Salz verrühren und zu den Forellenfilets geben. Mit den Kirschtomaten und den Zwiebelringen garnieren und mit den Salatkräutern bestreuen.

Zucchinischeiben gebraten N

300 g Zucchini
Öl
1 Knoblauchzehe
etwas Salz

Zucchini und Knoblauch in Scheiben schneiden und rasch auf beiden Seiten in heißem Öl anbraten, leicht salzen.

4. Oktober

Kartoffelsalat mit Gurke   K

50 g Speck
1 Zwiebel
2 EL Öl
1/8 l Gemüsebrühe
1/8 l Brottrunk
2 TL Senf
Salz, Pfeffer
Zucker
500 g Kartoffeln
500 g Salatgurke
1 Bund Schnittlauch

Speck und Zwiebel würfelig schneiden, Öl erhitzen und darin anrösten, Gemüsebrühe dazugießen und aufkochen. Brottrunk und Senf einrühren und mit den Gewürzen abschmecken. Kartoffeln kochen, schälen und ebenso wie die Gurke in Scheiben schneiden. Marinade über die Salatzutaten gießen, sorgfältig mischen und mindestens eine Stunde durchziehen lassen. Mit Schnittlauch bestreuen.

Lauchpfanne mit Tomaten   E

250 g Lauch
10 g Butter
500 g Tomaten
4 Eier
Salz, Pfeffer, 1 Bund Schnittlauch

Lauch in Ringe schneiden, in zerlassener Butter glasig dünsten. Die in Scheiben geschnittenen Tomaten darauflegen. Die Eier verquirlen und darübergießen, mit Salz und Pfeffer würzen. Zugedeckt stocken lassen und mit Schnittlauch bestreuen.

5. Oktober

Gemüsesuppe mit Gerste   K

150 g Gerste
1 Zwiebel
2 EL Öl
1,7 l Gemüsebrühe
1 Karfiol
2 Karotten
1/8 l Schlagobers
Salz
Pfeffer
Currypulver
1 Bund Schnittlauch

Gerste über Nacht in Wasser einweichen, Zwiebel würfelig schneiden und im heißen Öl glasig dünsten. Abgetropfte Gerste dazugeben und kurz mitdünsten. Mit Gemüsebrühe aufgießen, ca. 30 Minuten ziehen lassen, dann zerkleinertes Gemüse dazugeben und weitere 15 Minuten garen. Schlagobers einrühren, mit den Gewürzen abschmecken und mit Schnittlauch bestreuen.

6. Oktober

Kürbisschnitzel   K

200 g Kürbisfleisch
Salz, Pfeffer
Mehl
1 Eidotter
Semmelbrösel
Öl zum Ausbacken

Kürbisfleisch in fingerdicke Scheiben schneiden, salzen und pfeffern, mit Mehl, Eidotter und Semmelbrösel panieren und gut festdrücken.
Die Schnitzel in einer Pfanne mit heißem Öl goldgelb braten und gut abtropfen lassen.

Kastanienreis mit Schlag   K

600 g Edelkastanien
100 g Honig
1 EL Rum
Vanillezucker
1/4 l Schlagobers
wenig Staubzucker

Die Edelkastanien mit reichlich Wasser bedecken und ca. 50 Minuten kochen, dann abseihen, abschrecken und schälen. Pürieren und mit Honig, Vanillezucker und Rum gut verrühren und verkneten. Geschlagenes Obers in Dessertschalen dressieren, die Maronimasse durch eine Kastanienpresse darauf drücken und mit etwas Staubzucker bestreuen.

7. Oktober

Rote-Rüben-Salat   E

2 Blätter Eisbergsalat
1/2 Radicchio
1 Rote Rübe
1 Karotte
1 Stange Staudensellerie
2 Sardellenfilets
1 Knoblauchzehe
Salz
2 EL Weinessig
3 EL Olivenöl
1 TL Kapern

Salatblätter in Streifen schneiden, Rote Rübe und Karotte raspeln, Staudensellerie in feine Scheiben schneiden. Sardellenfilets sehr fein hacken, Knoblauchzehe zerdrücken, beides mit Essig und Öl gut verrühren. Marinade abschmecken, über die Salatzutaten geben, durchmischen und mit Kapern bestreuen.

8. Oktober

Heilbutt mit Gemüse E

4 Heilbuttkoteletts
Zitronensaft
1 Staudensellerie
1 gelbe Paprikaschote
1 Zucchini
20 g Butter
Salz, Pfeffer
1/8 l Weißwein
1 Tomate
3 EL Creme fraiche
Dille

Fisch gründlich waschen und mit Zitronensaft beträufeln, Gemüse in kleine Stücke schneiden, im heissen Fett andünsten, würzen und mit Wein aufgießen. Den gesalzenen Fisch auf das Gemüse legen und ca. 15 Minuten dünsten.
Gehäutete und gewürfelte Tomate dazugeben und mitdünsten. Fisch herausnehmen, kurz warm stellen, Creme fraiche in das Gemüse einrühren und nochmals pikant abschmecken. Mit gehackter Dille bestreuen.

9. Oktober

Krautsuppe mit Käse E

200 g Weißkraut
1 Zwiebel
Butter
1 l Suppe
Salz, Pfeffer
gemahlener Kümmel
etwas Tomatenmark
100 g Hartkäse
1 TL Sauerrahm zum Verfeinern

Das Kraut klein schneiden und mit der feingeschnittenen Zwiebel in etwas Butter leicht anrösten, dann das Tomatenmark einrühren und mit Suppe aufgießen. Mit den Gewürzen abschmecken und mit Sauerrahm verfeinern. Den Käse fein reiben und vor dem Servieren in die heiße Suppe einrühren.

Eierspeis E

15 Eier
1/8 l Schlagobers
50 g Butter
Salz
Petersilie

Eier und Schlagobers gut verquirlen und salzen. Butter in einer Pfanne erhitzen, die Eiermasse eingießen, ständig umrühren und nicht zu fest werden lassen. Auf einem Teller anrichten und mit gehackter Petersilie bestreuen.

10. Oktober

Gefüllte Zucchini   K

250 g Kartoffeln
2 Zwiebeln
75 g Speck
etwas Öl
500 g Zucchini
100 g Creme fraiche
1/2 Bund Kerbel
Salz, Pfeffer
Muskatnuss
1/4 l Gemüsebrühe

Kartoffeln kochen, Zwiebeln und Speck würfeln. Zucchini der Länge nach durchschneiden, aushöhlen und das Fruchtfleisch grob hacken.
Speck und Zwiebeln in wenig Öl anbraten, das Zucchinifleisch dazugeben, die durch die Kartoffelpresse gedrückten Kartoffeln und die Creme fraiche einrühren. Mit Salz, Pfeffer und Muskatnuss abschmecken und den gehackten Kerbel unterziehen.
Die Zucchinihälften damit füllen, in eine flache Auflaufform legen, Gemüsebrühe dazugießen und im Backofen bei 200° C ca. 30 Minuten garen.

11. Oktober

Putenpfanne mit Paprika   E

500 g Putenschnitzel
2 EL Öl
500 g Paprikaschoten
Salz, Pfeffer
Paprikapulver
1/8 l Suppe
1/2 TL Oregano

Das Putenfleisch in schmale Streifen schneiden, in heißem Öl kurz, aber kräftig anbraten. Aus der Pfanne nehmen und beiseite stellen. Die Paprikaschoten in schmale Streifen schneiden und in der Pfanne 5 Minuten anschwitzen, mit Salz, Pfeffer und Paprikapulver kräftig würzen, mit der Suppe aufgießen, aufkochen und das Putenfleisch samt dem ausgetretenen Saft wieder unter das Gemüse mischen. Mit Oregano bestreuen und servieren.

Fenchelsalat mit Äpfeln   E

2 Fenchelknollen
2 Äpfel
1 Orange
100 g Jogurt
1 EL Tomatenketchup
Zitronensaft

Fenchel halbieren, in feine Streifen schneiden, Fenchelgrün fein hacken. Äpfel und Orange würfelig schneiden.
Jogurt, Tomatenketchup und Zitronensaft verrühren, über die Salatzutaten geben und vermischen.

12. Oktober

Blätterteigtaschen mit Gemüse K

*2 Packungen tiefgefrorener Blätterteig
  (à 450 g)
500 g Karotten
2 Bund Lauchzwiebeln
1 Sellerieknolle
3 EL Olivenöl
Salz, Pfeffer
Zucker
7 EL Wasser
150 g Schafskäse
1 Eidotter*

Blätterteig nach Packungsanweisung auftauen lassen, das Gemüse putzen, waschen und in Streifen schneiden.
Das Gemüse im heißen Öl anrösten, würzen, etwas Wasser dazugeben und zugedeckt ca. 10 Minuten dünsten.
Den Blätterteig ausrollen, Rechtecke ausschneiden (ca. 10 x 10 cm) und die Füllung darauf verteilen. Den Schafskäse zerbröckeln und darüberstreuen. Den Rand der Rechtecke mit Eidotter bepinseln, zusammenklappen und festdrücken. Im Rohr bei 200°C ca. 15 Minuten backen.

13. Oktober

Selleriepüree E

*1 Sellerieknolle
Zitronensaft
Salz, Pfeffer
Muskatnuss
150 g Schlagobers
30 g Butter*

Sellerie putzen, klein schneiden und in Salzwasser mit Zitronensaft weich kochen. Abseihen, pürieren und mit Salz, Pfeffer und Muskatnuss würzen. Zuletzt Schlagobers und Butter einrühren.

**Gebratene Auberginen
und Zucchini** N

*2 Zucchini
2 Auberginen
Salz
frische Kräuter
Olivenöl*

Zucchini der Länge nach in zwei Zentimeter dicke Scheiben schneiden, Auberginen schräg in Scheiben schneiden, einsalzen und ziehen lassen. Aus den gehackten Kräutern und dem Olivenöl eine Marinade rühren, Zucchini und Auberginen darin einlegen und ziehen lassen. In einer Pfanne braten.

14. Oktober

Marinierter Ziegenkäse auf Blattsalat E

6 kleine Ziegenkäse (je 50 g)
1 Rosmarinzweig
3 Thymianzweige
2 Lorbeerblätter
3 Pimentkörner
10 grüne und rosa Pfefferkörner
2 frische Chilischoten
1/2 l Olivenöl
1 Blattsalat nach Wahl
2 EL Weinessig
2 EL Olivenöl

Den Ziegenkäse mit den Kräutern und Gewürzen in ein Glas geben, mit dem Olivenöl begießen und gut verschließen. Kühl stellen und mindestens sieben Tage durchziehen lassen.
Den Salat waschen und zerpflücken, die eingelegten Ziegenkäse würfeln und mit dem Salat mischen. Essig mit dem Öl verrühren, und über den Salat ziehen.

15. Oktober

Kürbiseintopf E

300–400 g Kürbisfleisch
60 g Zwiebeln
100 g Zucchini
Butter
50 g Kohlsprossen
Salz, Pfeffer
Muskatnuss
2 Knoblauchzehen
1/8 l Milch
1/8 l Schlagobers

Kohlsprossen putzen, in Salzwasser kurz kochen, abseihen und mit kaltem Wasser übergießen. Kürbisfleisch würfeln, gemeinsam mit den fein geschnittenen Zwiebeln in etwas Butter anrösten, mit der kalten Milch aufgießen und aufkochen lassen. Die Kohlsprossen und würfelig geschnittene Zucchini dazugeben, noch kurz dünsten, mit Salz, Pfeffer, Muskatnuss und Knoblauch würzen. Zuletzt das Schlagobers einrühren.

Topfencreme mit Bananen K

3 Bananen
200 g Topfen
etwas Honig
Schlagobers

Die Bananen mit einer Gabel zerdrücken, anschließend mit dem Topfen schaumig rühren. Mit wenig Honig süßen und mit geschlagenem Obers garnieren.

16. Oktober

Fogosch im Wurzelsud E

300–400 g Fogosch
ca. 1/2 l Wasser
3 EL Essig
Kräutersalz
50 g Zwiebelringe
50 g Karotten
50 g Sellerie
Lorbeerblatt
5 Pfefferkörner
etwas Lauch
Butter
frische Dille

Zwiebeln schälen und in Ringe, Lauch in Streifen schneiden, das restliche Gemüse ebenfalls in Streifen schneiden. Zwiebelringe, Gemüse und Lauch zusammen mit dem Essig, dem Wasser und den Gewürzen aufkochen. Den Fisch einlegen und ca. 10 Minuten ziehen lassen, zusammen mit den Gemüsestreifen und etwas zerlassener Butter anrichten. Mit frischer Dille garnieren.

Lachsbrötchen K

4 Scheiben Räucherlachs
4 Salatblätter
etwas Butter
Frischkäse
Dille
Vollkorntoast

Vollkornbrot toasten, mit wenig Butter bestreichen, jeweils mit einem Salatblatt belegen, den Räucherlachs daraufgeben und mit einem Tupfer Frischkäse und Dille garnieren.

17. Oktober

Gemüsesalat E

3 Stangen Sellerie
1 gelbe Paprikaschote
2 Zucchini
1 Aubergine
Zitronensaft
Salz, Pfeffer
1/8 l Weißwein
3 EL Weißweinessig
150 ml Olivenöl
2 Knoblauchzehen
1 Bund Petersilie

Das Gemüse in kleine Stücke schneiden, die Aubergine sofort mit etwas Zitronensaft beträufeln. Alle Gemüsesorten nacheinander 1-2 Minuten in kochendes Salzwasser geben, kalt abschrecken. Wein mit Essig, etwas Salz, Pfeffer und 1/8 l Öl verrühren und über das Gemüse geben. Mindestens 2 Stunden ziehen lassen. Zerdrückten Knoblauch und gehackte Petersilie sowie restlichen Zitronensaft und Öl unterrühren.

18. Oktober

**Gefüllte Tomaten
mit Faschiertem** E

4 Fleischtomaten
1 Zwiebel
1/2 TL Öl
200 g Faschiertes
Salz
Pfeffer
100 g Hüttenkäse
Currypulver
Paprikapulver
1 EL Kräuterbutter

Fleischtomaten schälen, oben einen "Deckel" abschneiden und aushöhlen. Zwiebel würfelig schneiden und in einer Pfanne mit heißem Öl anschwitzen, dann das Faschierte dazugeben und mit anbraten. Mit Salz und Pfeffer würzen und den Hüttenkäse dazugeben. Mit Curry und Paprika abschmecken, durchmischen und die Masse in die Fleischtomaten füllen. Kräuterbutter in einer Pfanne schmelzen und Tomaten hineinsetzen, im vorgeheizten Backrohr bei 180° C etwa 15 Minuten überbacken.

19. Oktober

Kartoffelgratin mit Frischkäse K

600 g Kartoffeln
Salz, Pfeffer
Thymian
1 Zwiebel
2 Knoblauchzehen
etwas Butter
150 ml Schlagobers
150 g Frischkäse mit Kräutern

Kartoffeln kochen, schälen und in fingerdicke Scheiben schneiden. Zwiebel in Ringe schneiden, Knoblauch fein hacken und beides in heißer Butter anrösten, die Kartoffeln dazugeben und kurz schwenken.
Mit den Gewürzen abschmecken und in eine befettete Auflaufform füllen. Schlagobers und Frischkäse gut verrühren, über die Kartoffeln gießen und im Backrohr bei 200° C kurz überbacken.

Paprikaspieß E

300–400 g Rindsfiletspitzen
bunte Paprikaschoten
Speckscheiben
2 Zwiebeln
Salz, Pfeffer

Alle Zutaten in gefällige Stücke schneiden und abwechselnd auf einen Spieß aufstecken.
Mit Salz und Pfeffer würzen und mit Speckscheiben umwickeln.

20. Oktober

Warmer Karfiolsalat E

600 g Karfiol
1/4 l klare Fleischsuppe
3 EL Weinessig
Salz, Pfeffer
1 TL Sojasoße
1 Zwiebel
6 EL Salatöl
etwas Kochsud
Schnittlauch

Karfiol zerteilen und in der klaren Fleischsuppe ca. 20 Minuten kochen.
Für die Marinade den Essig mit Salz, Pfeffer und Sojasoße verrühren, fein geschnittene Zwiebel, Öl und etwas Kochsud dazugeben und mit dem gut abgetropften Karfiol vermischen, warm stellen und durchziehen lassen. Nochmals abschmecken und mit Schnittlauch bestreuen.

Majoranfleisch E

500 g Rindfleisch
250 g Zwiebeln
Öl
1 TL Majoran
Kümmel
Salz
Pfeffer
2 Knoblauchzehen
1 Spritzer Essig
2 EL Sauerrahm

Zwiebeln fein hacken, in Öl anschwitzen, das in dünne Streifen geschnittene Fleisch dazugeben und mitrösten. Gewürze, Knoblauch und Essig dazugeben, mit etwas Wasser aufgießen und weichdünsten. Zuletzt den Sauerrahm einrühren.

21. Oktober

Vollkornnudeln mit Rahmgemüse K

250 g Vollkornnudeln
Salzwasser
200 g Zucchini
200 g Auberginen
200 g Karotten
80 g Zwiebeln
Öl
1 Knoblauchzehe
Salbei
Basilikum
Salz
Pfeffer
1/4 l Schlagobers
Schnittlauch

Die Nudeln in Salzwasser kochen und dann abseihen. Das Gemüse fein schneiden und zusammen mit den Zwiebeln in etwas Öl anrösten. Mit dem Schlagobers aufgießen und aufkochen lassen. Mit den Gewürzen abschmecken und zuletzt mit frischem Schnittlauch bestreuen.

22. Oktober

Tomatensuppe mit Basilikum E

2 kg Tomaten
1 Bund Basilikum
175 g Butter
Salz
Pfeffer
75 g Creme fraiche

Tomaten häuten, halbieren, das Fruchtfleisch in Streifen schneiden und den Saft auffangen. Basilikumblätter grob hacken, Tomatenstreifen, Tomatensaft, gehacktes Basilikum und die Hälfte der Butter bei mittlerer Hitze garen lassen. Die restliche Butter einrühren und kräftig rühren, mit Salz und Pfeffer würzen. Vor dem Servieren mit Creme fraiche garnieren.

Scharfe Zucchini E

2 Zucchini
Öl
etwas Wasser
Salz
Pfeffer
1 TL Tomatenmark
1 TL scharfer Senf
etwas Sojasoße

Zucchini in grobe Scheiben schneiden, in heißem Öl anbraten, mit etwas Wasser aufgießen und auf kleiner Flamme weiter dünsten. Salzen, pfeffern, Tomatenmark, Sojasoße und Senf einrühren und die Flüssigkeit ein wenig einkochen.

23. Oktober

Mariniertes Gemüse E

500 g Auberginen
500 g Zucchini
500 g rote, grüne und gelbe Paprikaschoten
250 g Zwiebeln
5 Knoblauchzehen
1/8 l Olivenöl
3 EL Essig
Salz
Pfeffer
2 Lorbeerblätter
1 TL Kräuter

Gemüse in kleine Stücke schneiden, Zwiebeln vierteln, Knoblauch in Scheiben schneiden und alles zusammen in eine Auflaufform geben.
Olivenöl mit Essig, etwas Wasser, Salz und Pfeffer verrühren und über das Gemüse gießen. Lorbeerblätter und Kräuter dazugeben, alles mischen, im vorgeheizten Backrohr bei 175° C ca. 50 Minuten garen.

24. Oktober

Überbackene Zucchini   E

4 Zucchini
1/2 l Gemüsebrühe
2 Zwiebeln
20 g Butter
Salz
Pfeffer
1 TL Thymian
200 g Schinken
150 g geriebener Emmentaler

Zucchini längs halbieren, aushöhlen und das Fruchtfleisch zur Seite stellen. Zucchinihälften in der Gemüsebrühe kurz überbrühen und dann in eine gefettete Auflaufform geben. Fein gehackte Zwiebeln und Zucchinifruchtfleisch in zerlassener Butter anschwitzen und mit Salz, Pfeffer und Thymian abschmecken. Würfelig geschnittenen Schinken und 1/3 des Käses unter die Zucchinimasse rühren. Füllung in die Zucchinihälften geben, restlichen Käse darüberstreuen und im vorgeheizten Backrohr bei 200° C ca. 15 Minuten überbacken.

25. Oktober

Kartoffellaibchen mit Mozzarella   K

1300 g Kartoffeln
Salz
1 Zwiebel
2 EL Öl
125 g Mozzarella
100 ml Pflanzenöl

Die Kartoffeln schälen und in wenig Salzwasser weich kochen, die Zwiebel fein würfeln und in einer Pfanne mit heißem Öl goldbraun braten, dann zur Seite stellen. Die gekochten Kartoffeln noch heiß durch die Presse drücken, mit Salz und der Zwiebel vermischen und etwas abkühlen lassen. Laibchen formen, jeweils einen Mozzarellawürfel daraufsetzen, zusammendrehen und flachdrücken. In reichlich heißem Öl auf beiden Seiten braun braten.

Karfiol in Parmesan   E

450 g Karfiol
100 ml Suppe
1 EL Butter
25 g Parmesan
Paprikapulver

Karfiol waschen, den Strunk kreuzweise einschneiden, in einen Topf mit der Suppe geben, aufkochen und dann etwa 5 Minuten köcheln lassen. Deckel abnehmen und weiter köcheln, bis die Flüssigkeit fast ganz verdampft ist. Den Karfiol nun erst in Butter, dann in Parmesan wälzen und nach Geschmack mit Paprika bestreuen.

26. Oktober

Radicchiosalat   E

250 g Radicchio
1 Orange
1 gelbe Paprikaschote
1 rote Zwiebel
1 Dose Maiskörner
1 Becher Jogurt
2 EL Sauerrahm
3 EL Orangensaft

Radicchio in 2 cm breite Streifen schneiden, Orange filetieren, Paprikaschote in feine Streifen, Zwiebel in Ringe schneiden. Jogurt, Sauerrahm und Orangensaft verrühren, Teller mit Radicchioblättern belegen, alle anderen Salatzutaten darauf verteilen und mit der Salatsoße beträufeln.

Mousse au chocolat   K

3 Eidotter
40 g Zucker oder Honig
Vanillezucker
70 g Kochschokolade
2 dl Schlagobers

Eidotter mit Zucker oder Honig über Dampf schaumig schlagen, dann vom Herd nehmen und kalt weiterschlagen. Schokolade schmelzen, etwas auskühlen lassen und unter die Dottermasse rühren. Geschlagenes Obers vorsichtig unterziehen und einige Stunden kalt stellen. Mit einem Eisportionierer Kugeln ausstechen und mit Schlagobers servieren.

27. Oktober

Linsen mit Stangensellerie   E

500 g Stangensellerie
1 EL Öl
300 g gemischtes Faschiertes
1 Zwiebel
1 Apfel
1 Lorbeerblatt
150 g braune Linsen
ca. 600 ml Suppe
Salz
Pfeffer
1 Jogurt
3 EL geriebener Käse

Stangensellerie in Scheiben schneiden, Zwiebel, Apfel und Sellerie würfeln. Zwiebel in heißem Öl anrösten, Faschiertes dazugeben, dann Apfel und Stangensellerie mitdünsten.
Lorbeerblatt und Linsen hinzufügen, mit Suppe aufgießen, aufkochen, ca. 40 Minuten köcheln lassen und mit Salz und Pfeffer abschmecken. Jogurt und Käse vermischen und einrühren.

28. Oktober

Eisalat mit Apfel E

6 Eier
2 Stangen Staudensellerie
1 Apfel
etwas Zitronensaft
150 g Jogurt
2 EL Sauerrahm
1 TL Currypulver
Salz
Pfeffer
Brunnenkresse

Die hartgekochten Eier achteln, die Sellerie fein schneiden, den Apfel in feine Scheiben schneiden und mit dem Zitronensaft beträufeln.
Alle Zutaten miteinander vermischen, das Jogurt mit dem Sauerrahm verrühren und mit Curry, Salz und Pfeffer abschmecken. Die Marinade über den Salat gießen und mit Brunnenkresse bestreuen.

Kürbisgemüse mit Kartoffeln K

200 g Nusskürbis
100 g Kartoffeln
Butter
Salz
Majoran
frische Petersilie

Kartoffeln schälen, in 2 cm große Würfel schneiden und in Salzwasser blanchieren. Kürbis schälen, auch in 2 cm große Würfel schneiden und in etwas Butter zusammen mit den halbfertigen Kartoffeln rösten. Mit Salz und Majoran würzen und mit frischer Petersilie bestreuen.

29. Oktober

Fenchel überbacken E

4 Fenchelknollen
1/8 l Wasser
Salz
Pfeffer
2 Tomaten
1 TL Butter
1 Zwiebel
100 g Hartkäse
2 EL Schlagobers
Butter

Fenchelknollen der Länge nach halbieren und in reichlich Salzwasser ca. 10 Minuten kochen, abgießen und den Kochsud beiseite stellen. Die Fenchelknollen in eine gebutterte Auflaufform geben.
Tomaten schälen und würfelig schneiden. Die fein geschnittene Zwiebel in heißer Butter anrösten, die Tomaten dazugeben und alles auf dem Fenchel verteilen. Den Käse reiben, mit dem Schlagobers vermischen und darübergießen. Im Backrohr bei 200° C ca. 15 Minuten überbacken.

30. Oktober

Krautfleckerln K

500 g Weißkraut
2 Zwiebeln
etwas Zucker
Öl
Salz
Pfeffer
etwas Wasser
200 g Fleckerln

Fleckerln in reichlich Salzwasser bissfest kochen, abseihen und abtropfen lassen. Öl erhitzen, Zucker dazugeben, feingeschnittene Zwiebeln dazugeben und rösten. Das klein geschnittene Kraut ebenfalls dazugeben, mitrösten, mit etwas Wasser aufgießen und mit Salz und Pfeffer würzen. Ca. 30 Minuten dünsten, dann die Fleckerln dazugeben, vermischen und nochmals abschmecken.

Rohkost mit Nüssen E

1 Apfel
1 Birne
50 g Karotten
1 EL Nüsse nach Wahl
etwas Zitronensaft
1/8 l Jogurt oder Sauerrahm

Apfel, Birne und Karotten gut waschen, anschließend fein reiben und mit Zitronensaft verrühren. Das Jogurt oder den Sauerrahm unterrühren und mit den gemahlenen Nüssen bestreuen.

31. Oktober

Auberginenauflauf E

4 Auberginen
3 Zwiebeln
500 g Tomaten
2 Knoblauchzehen
4 EL Olivenöl
1 Lorbeerblatt
1 EL Petersilie
etwas Salz
1 Zimtstange
50 g gehackte Mandeln

Die Auberginen der Länge nach durchschneiden und aushöhlen. Das herausgelöste Fruchtfleisch klein schneiden.
Die Zwiebeln in feine Ringe schneiden, die Tomaten schälen und würfelig schneiden. Etwas Öl in einer Pfanne erhitzen, die Zwiebelringe anrösten, dann Knoblauch und Tomaten dazugeben und kurz dünsten. Danach Kräuter, Gewürze und klein geschnittenes Auberginenfruchtfleisch dazugeben und weiterdünsten. Lorbeerblatt und Zimtstange entfernen und die Mandeln unterrühren.
Die Auberginenhälften in eine gefettete, feuerfeste Form legen, die Füllung darauf verteilen. Mit dem restlichen Öl beträufeln und im Backofen garen.

1. November

**Tomaten
mit Basilikum-Oberssoße**　　　　E

*200 g Linsen
500 ml Gemüsebrühe
8 Fleischtomaten
200 Ricotta
Salz
Pfeffer
1 Knoblauch
100 g Lachsfilet
Zitronensaft
1 EL Butter
50 g geriebener Parmesan
1 Zwiebel
250 ml Gemüsebrühe
100 ml Milch
1 Bund Basilikum
50 ml Schlagobers*

Linsen in der Gemüsebrühe aufkochen, ca. 30 Minuten ausquellen lassen, abseihen. Von den Tomaten einen Deckel abschneiden und mit einem Teelöffel aushöhlen. Lachsfilet würfelig schneiden, mit Zitronensaft marinieren und in der heißen Butter anbraten. Ricotta, Linsen, Salz und Pfeffer verrühren, zerdrückten Knoblauch und Lachs dazugeben. Die Tomaten mit der Ricottamasse füllen, mit Parmesan bestreuen, in eine Auflaufform setzen und im Ofen überbacken.
Die gehackte Zwiebel in etwas Öl anschwitzen, mit Milch und Gemüsebrühe aufkochen, zuletzt die gehackten Basilikumblätter und das geschlagene Obers unterrühren.

2. November

Karfiol pikant E

300 g Karfiol
300 g Broccoli
200 g Mozzarella
4 Eier
4 Sardellenfilets
1 Knoblauchzehe
50 g grüne Oliven
50 g schwarze Oliven
1 EL gehackte Petersilie
Salz
1/2 scharfer Pfefferoni
etwas Zitronensaft
4 EL Olivenöl

Karfiol- und Broccoliröschen in leicht gesalzenem Wasser ca. 20 Minuten kochen, dann abseihen. Mozzarella, Eier, Sardellenfilets und Knoblauch fein hacken und mit den restlichen Zutaten vermischen. Zuletzt das gekochte Gemüse vorsichtig unterheben und sofort servieren.

Fenchelgemüse E

3 Fenchelknollen
4 Tomaten
30 g Butter
3 EL Schlagobers
Salz
Pfeffer

Die Fenchelknollen in Streifen schneiden, Tomaten schälen und würfeln.
Fenchel in heißer Butter glasig dünsten, dann die Tomatenwürfel zugeben. Mit Salz und Pfeffer würzen, dann das Schlagobers einrühren, weitere 2–3 Minuten dünsten.

3. November

Forellenfilet mit Wurzelgemüse E

1 Zwiebel
100 g Karotten
100 g Sellerie
100 g Petersilwurzel
100 g Lauch
60 g Butter
1/8 l Riesling
1/8 l Wasser
1 EL Weinessig
Salz
Pfeffer
2 EL Schlagobers
4 filetierte Bachforellen
Schnittlauch

Zwiebel und Wurzelgemüse fein würfeln, in Butter andünsten, mit dem Riesling und dem Wasser aufgießen und auf kleiner Flamme köcheln lassen. Mit dem Weinessig und dem Schlagobers verfeinern, mit Salz und Pfeffer abschmecken und mit Schnittlauch bestreuen. Die Forellenfilets auf das Gemüse legen und so lange ziehen lassen, bis sie gar sind.

4. November

Zucchiniröllchen N

4 Zucchini
etwas Olivenöl
250 g Topfen
2 Knoblauchzehen
Salz
Pfeffer
Petersilie
Zahnstocher

Die Zucchini der Länge nach in dünne Scheiben schneiden und mit dem Olivenöl und dem zerdrückten Knoblauch marinieren. Etwas salzen und 15 Minuten ziehen lassen. Das Olivenöl mit dem Knoblauch in einer Pfanne erhitzen und die Zucchinischeiben portionsweise auf beiden Seiten kurz anbraten. Gut abtropfen lassen. Topfen salzen, pfeffern und die gehackte Petersilie unterrühren. Die Zucchinischeiben jeweils mit der Topfenmasse dünn bestreichen, einrollen und mit Zahnstochern fixieren.

5. November

Weißkraut in Speckmarinade E

1 mittlerer Krautkopf
Salz, 1 TL Kümmel
100 g Bauchspeck
100 g Zwiebeln
4 cl Sonnenblumenöl
1/8 l Weinessig

Das Kraut nudelig schneiden und in Salzwasser mit Kümmel bissfest kochen, dann aus dem Wasser heben und gut abtropfen lassen. Den Speck und die Zwiebeln fein schneiden und in einer heißen Pfanne glasig anrösten. Mit Weinessig aufgießen und mit Salz und gemahlenem Kümmel würzen. Den Essig-Specksud und das Sonnenblumenöl über das Kraut gießen und gut durchmischen.

Rindsgulasch E

1 kg Rindfleisch
800 g Zwiebeln
etwas Öl
1/2 l Wasser
etwas Tomatenmark
3 EL Paprikapulver
3 Knoblauchzehen
Salz
gemahlener Kümmel
Majoran, etwas Essig

Zwiebeln fein schneiden und in heißem Öl goldbraun rösten, Paprikapulver dazugeben und mit Essig und Wasser aufgießen. Die Zwiebeln weichdünsten und dann pürieren. Würfelig geschnittenes Fleisch, Knoblauch, Tomatenmark und die restlichen Gewürze dazugeben und auf kleiner Flamme 2—3 Stunden köcheln lassen.

6. November

Tortellini-Auflauf   K

250 g Tortellini
2 Zwiebeln
1 Knoblauchzehen
1 rote Paprikaschote
1 grüne Paprikaschote
Oregano
Salz
Pfeffer
Muskatnuss
250 g Schlagobers
2 Eidotter
150 g Mozzarella

Tortellini 10 Minuten kochen, Zwiebeln, Knoblauch und Paprika klein schneiden, in Öl anbraten und mit den Gewürzen abschmecken. Schlagobers mit den Eidottern verrühren, etwas würzen, Tortellini, Gemüsemischung und Käse schichtweise in eine Auflaufform geben und mit der Soße übergießen, mit Mozzarellascheiben abschließen. Im Backrohr bei 200° C ca. 40 Minuten überbacken.

Auberginen mit Speck   N

500 g Auberginen
100 g Speck
80 g Zwiebeln
Butter
Salz
Pfeffer
Knoblauch
frische Kräuter

Zwiebel, Speck und Auberginen würfelig schneiden und in heißer Butter anbraten. Mit den Gewürzen abschmecken und mit frischen Kräutern bestreuen.

7. November

Steaks in Tomatengemüse   E

4 Hüftsteaks
4 EL Öl
3 EL grüner Pfeffer
1 Lorbeerblatt
Piment
Salz
Pfeffer
1 Knoblauchzehe
1/8 Gemüsebrühe
300 g Zwiebeln
1 Aubergine
250 g Tomaten

Fleisch waschen, trockentupfen und in heißem Öl anbraten.
Gewürze, Knoblauch und Gemüsebrühe zufügen und ca. 30 Minuten köcheln lassen. Zwiebeln fein hacken, Aubergine in dünne Scheiben schneiden, Tomaten schälen und vierteln.
Gemüse nach 10 Minuten Garzeit zum Fleisch geben und mitdünsten. Mit Salz und Pfeffer kräftig abschmecken.

8. November

Kürbis gebraten E

500 g Kürbisfleisch
2 EL Olivenöl
Salz
Pfeffer
250 g Tomaten
1 Zwiebel
2 Knoblauchzehen
50 g schwarze Oliven
Thymian
Basilikum

Das Kürbisfleisch in dünne Scheiben schneiden, das Olivenöl in einer Pfanne erhitzen und die Kürbisscheiben auf jeder Seite kurz anbraten. Beidseitig mit Salz und Pfeffer würzen.
Die Tomaten schälen und würfeln, ebenso Zwiebel, Knoblauch und die Oliven würfelig schneiden und alles miteinander vermischen. Mit den Gewürzen abschmecken und zum gebratenen Kürbis reichen.

9. November

Ganslbraten E

1 Gans
3 Äpfel
Salz, Pfeffer
Majoran

Das Innere der Gans kräftig mit Salz, Pfeffer und Majoran einreiben und mit den geschälten und geviertelten Äpfeln füllen. Die Gans mit der Brust nach unten in einen Bräter einlegen, fingerhoch Wasser eingießen und im Backrohr braten. Während des Bratens ständig übergießen. Am Schluß das Fett vom Bratensaft abschöpfen.

Rotkraut mit Trauben E

1 Rotkraut
Salz
Pfeffer
250 g Speck
2 Birnen
300 g Weintrauben
50 g Butter
4 Gewürznelken
2 Lorbeerblätter
250 ml Rotwein

Rotkraut vierteln, vom Strunk befreien und grob nudelig schneiden, mit Salz und Pfeffer vermischen. Speck würfelig, Birnen vierteln und in Scheiben schneiden. Die Hälfte des Rotkrauts in eine bebutterte Auflaufform geben, Speckwürfel, Birnenscheiben, Weintrauben, Nelken und Lorbeerblätter darauf verteilen, Butterflocken daraufsetzen und das restliche Rotkraut darübergeben.
Den Rotwein dazugießen und im vorgeheizten Backrohr zugedeckt bei 200° C ca. 90 Minuten dünsten.

10. November

Blaukraut   E

1 Krautkopf
etwas Butter
80 g Zwiebeln
Salz, gemahlener Kümmel
2 EL Essig
1/8 l Rotwein
1 Apfel
1 EL Sojagranulat
etwas Gemüsebrühe
Salz

Das Kraut nudelig schneiden, mit Salz, Essig und Rotwein vermischen und kurz ziehen lassen. Die fein geschnittenen Zwiebeln in der Butter anrösten und das Blaukraut mit der Flüssigkeit und den geriebenen Apfel dazugeben. Mit den Gewürzen abschmecken und ziehen lassen. Bei Bedarf noch etwas Gemüsebrühe nachgießen. Zuletzt noch das Sojagranulat mit etwas Wasser glattrühren und in das Kraut einrühren, nochmals aufkochen lassen.

11. November

Fenchelcremesuppe   N

1 Fenchelknolle
1 Zwiebel
500 ml Gemüsebrühe
125 ml Schlagobers
1 EL Olivenöl
30 g Fenchelgrün
Salz, Pfeffer

Fenchel in Streifen schneiden, Zwiebel in Ringe schneiden, in Olivenöl anschwitzen, Fenchelstreifen dazugeben und mit der Gemüsebrühe aufgießen. Schlagobers einrühren und alles ca. 15 Minuten sanft köcheln lassen. Anschließend mit dem Pürierstab zerkleinern und mit Pfeffer und Salz abschmecken. Fenchelgrün einstreuen.

Kaninchen mit Gemüse   E

1500 g Kaninchen
Salz, Pfeffer
25 g Öl
200 ml Rotwein
500 ml Suppe
1 Lorbeerblatt
2 Fenchelknollen
1 Sellerieknolle
4 Karotten
2 Zwiebeln

Die Kaninchenteile waschen, abtrocknen, in einem Topf mit heißem Öl gut anbraten und die Stücke dann herausnehmen. Den Fond mit Rotwein aufgießen und die Suppe dazugießen. Das Fleisch, Lorbeerblatt, in Würfel geschnittene Sellerie, Fenchel, Zwiebeln und Karotten beigeben, salzen und pfeffern und etwa 40 Minuten köcheln.

12. November

**Zucchinisalat
mit Mozzarella und Sellerie** E

*150 g Staudensellerie
1 Zucchini
1 Tomate
20 g Sardellenfilets
75 g Mozzarella
Basilikum
2 El Weinessig
1/2 TL Senf
Salz
Pfeffer
3 EL Olivenöl*

Staudensellerie in dünne Scheiben schneiden, Zucchini ebenfalls in feine Scheiben schneiden. Sardellenfilets zerkleinern, Mozzarella und Tomate in dünne Scheiben schneiden, Basilikum grob zerpflücken und alles in einer Schüssel vermischen. Essig, Senf, Salz, Pfeffer und Olivenöl gut verrühren und über den Salat gießen, durchmischen, etwas durchziehen lassen.

13. November

Entenbrust in Orangensoße E

*200 g Entenbrust
Salz, Pfeffer
frischer Rosmarin
etwas Öl
2 EL Preiselbeeren
Schale von 1/2 Orange
frischer Rosmarin und Salbei
1 TL Senf
3 EL Orangensaft
3 EL Rotwein*

Preiselbeeren, Orangenschale, Senf, Orangensaft, Rotwein, frischen Rosmarin und Salbei aufkochen und anschließend pürieren.
Die Entenbrust waschen, trockentupfen und mit Salz, Pfeffer und frischem Rosmarin würzen. In einer Pfanne mit heißem Öl auf beiden Seiten gut anbraten (sollte innen noch rosa sein). Die Entenbrust in dünne Scheiben schneiden und mit Orangensoße servieren.

Gebratene Bananen K

*4 Bananen
etwas Butter
Mandelblättchen
Schlagobers*

Die Bananen der Länge nach halbieren und in der zerlassenen Butter kurz anbraten. Die Mandelblättchen dazugeben und mitrösten. Bananen anrichten, mit geschlagenem Obers verzieren und mit den Mandelblättchen bestreuen.

14. November

Paprikasalat   E

2 rote Paprikaschoten
2 Salatgurken
2 Zwiebeln
1 Knoblauchzehe
6 EL Öl
1 TL scharfer Senf
2 EL Weinessig
1/2 TL Salz
1/2 TL Pfeffer

Die Paprikaschoten in Streifen, Gurken in Scheiben und die Zwiebeln in feine Ringe schneiden. Die Knoblauchzehe schälen, halbieren und die Salatschüssel damit ausreiben. Das Öl mit dem Senf verrühren, mit Essig, Salz und Pfeffer abschmecken. Die Salatzutaten mit der Marinade vermengen und durchziehen lassen.

Zucchinigemüse mit Tomaten   E

750 g Zucchini
500 g Tomaten
2 Schalotten
2 Bund Dille
3 EL Olivenöl
Salz, Pfeffer

Die Zucchini grob schneiden, Tomaten mit kochendem Wasser überbrühen, schälen und vierteln, die Schalotten klein würfeln, Dille fein hacken. Olivenöl erhitzen, die Schalotten darin glasig dünsten, Tomaten, Dille, Salz und Pfeffer dazugeben und 10 Minuten köcheln lassen. Die Zucchini unterheben, 20 Minuten garen, bis die Zucchini weich sind und die Soße dick eingekocht ist.

15. November

Überbackene Schinkenrollen   E

750 g Fenchelknollen
Salz, Pfeffer
40 g Butter
125 ml Weißwein
125 ml Apfelsaft
4 Scheiben Schinken
5 Tomaten
5 EL Balsamicoessig
250 g Mozzarella

Fenchelknollen in dünne Streifen schneiden und in einem Topf in Butter anbraten. Salzen und pfeffern, mit Weißwein und Apfelsaft aufgießen und ca. 10 Minuten köcheln lassen, bis die Flüssigkeit fast eingekocht ist.
Die Schinkenscheiben auflegen, mit dem Fenchelgemüse belegen und einrollen. Die Schinkenrollen in eine befettete Auflaufform legen, die enthäuteten und gewürfelten Tomaten dazugeben, mit Salz und Essig würzen und mit Mozzarellascheiben belegen. Im Backofen bei 180° C überbacken.

16. November

Rote-Rüben-Salat mit Fenchel E

2 Rote Rüben
Salz
2 Fenchel
2 Äpfel
250 g Jogurt
1 EL Keimöl
etwas Zitronensaft
5 EL verdünnter Weinessig
frische Kräuter

Rote Rüben waschen, in Salzwasser
ca. 30 bis 40 Minuten kochen, abkühlen
und schälen. Den Fenchel halbieren und in
dünne Scheiben schneiden. Die Äpfel vierteln und diese in Spalten schneiden.
Die Zutaten für die Marinade vermischen,
über den Salat gießen und mit gehackten
Kräutern bestreuen.

17. November

Knoblauchforelle E

4 frische Forellen
Salz, weißer Pfeffer
Zitronensaft
4 gepresste Knoblauchzehen
Butter zum Anbraten
2 Knoblauchzehen
1/8 zerlassene Butter

Forellen gut waschen, trockentupfen, mit
Salz, Pfeffer, Zitronensaft würzen und mit
den gepressten Knoblauchzehen innen einstreichen. Die gewürzten Forellen in einer
heißen Pfanne mit Butter auf beiden Seiten
anbraten und ca. 15 Minuten ziehen lassen.
Die Knoblauchscheiben in der Fischpfanne
noch etwas anrösten und mit der zerlassenen Butter über die Forellen gießen.

Gemüsepfanne für Eilige E

1 Fenchelknolle
1 Chicoree
2 Fleischtomaten
1 Bund Petersilie
Olivenöl
Salz, Pfeffer

Fenchelknolle halbieren und in Salzwasser
blanchieren, auskühlen lassen und in
Streifen schneiden.
Chicoreeblätter ebenfalls in Streifen
schneiden, Tomaten schälen und würfelig
schneiden. In einer Pfanne mit Olivenöl
Fenchel und Chicoree anrösten, mit Salz
und Pfeffer würzen, etwas später Tomaten
dazugeben und zuletzt mit gehackter
Petersilie bestreuen.

18. November

Tomaten-Mais-Gemüse   E

400 g Tomaten
1 TL Kräuter der Provence
1 Zwiebel
1 Knoblauchzehe
etwas Öl
2 Stangen Staudensellerie
1 grüne Paprikaschote
100 g Champignons
300 g Mais
Salz, Pfeffer

Tomaten schälen, mit Kräutern, Zwiebel und Knoblauch in einer Pfanne mit Öl anbraten und auf kleiner Flamme köcheln lassen. Geschnittene Staudensellerie, Paprikaschote und Champignons dazugeben und zugedeckt 10–13 Minuten dünsten, bis das Gemüse fast gar ist.
Mais unterrühren, mit Salz und Pfeffer würzen und noch einmal kurz aufkochen.

Basilikumsoße   N

1/4 l Jogurt
1/4 l Sauerrahm
1 Bund Basilikum
Kräutersalz

Das Jogurt und den Sauerrahm glattrühren, Basilikum hacken und unterrühren, zuletzt mit Kräutersalz abschmecken.

19. November

Spagetti mit Wintergemüse   K

5 Wirsingblätter
1 Zwiebel
2 Karotten
Salz
2 EL Öl
Pfeffer
500 g dünne Spagetti
150 ml Gemüsebrühe
250 g Mascarpone
3 EL Kapern

Die Wirsingblätter etwa 3 Minuten in kochendes Salzwasser geben, mit kaltem Wasser abschrecken und abtropfen lassen. Die Blätter ganz fein schneiden, die Karotten fein würfeln.
Die gehackte Zwiebel in einer Pfanne in heißem Öl andünsten, Wirsing und Karotten dazugeben, salzen, pfeffern und köcheln lassen.
Die Nudeln in Salzwasser kochen, abseihen und warm stellen.
Die Gemüsebrühe zum Gemüse gießen, etwa 5 Minuten dünsten und den Topf dann vom Herd nehmen. Mascarpone unter das Gemüse rühren, Kapern unterheben, mit Salz und Pfeffer pikant abschmecken und die Nudeln daruntermischen.

20. November

Geflügelsalat
mit Orangen und Äpfeln   E

3 Orangen
2 Äpfel
250 g gekochtes Hühnerfleisch
50 g Mandelstifte
150 g Jogurt
3 EL Zitronensaft
Salz, Pfeffer

Orangen filetieren, Äpfel und Hühnerfleisch in Streifen schneiden. Mandelstifte in einer trockenen Pfanne rösten, erkalten lassen und hinzufügen. Jogurt mit Zitronensaft, Salz und Pfeffer verrühren, abschmecken und mit den Salatzutaten vorsichtig vermengen.

Knoblauchbaguette   K

200 g Butter
5 Knoblauchzehen
etwas Salz, Pfeffer
1 Bund Basilikum
1 Vollkornbaguette

Die zimmerwarme Butter glattrühren, den zerdrückten Knoblauch einrühren, salzen und pfeffern. Basilikum ganz fein hacken und ebenfalls einrühren.
Das Baguette in regelmäßigen Abständen nicht ganz durchschneiden, in die Einschnitte jeweils die Knoblauchbutter füllen. Das Baguette in Alufolie einschlagen und im Backrohr bei 200° C ca. 15 Minuten backen und heiß servieren.

21. November

Lasagne
mit Weißkraut und Faschiertem   E

500 g Weißkraut
100 g Zwiebeln
2 EL Öl
500 g Faschiertes
1 EL Thymian
250 g Sauerrahm
250 g Tomaten
100 ml Schlagobers
80 g Parmesan
Salz, Cayennepfeffer

Ca. 8 große Weißkrautblätter ablösen und in kochendem Salzwasser blanchieren, abschrecken und trockentupfen. Zwiebeln und das restliche Kraut fein hacken, in heißem Öl kurz anbraten und dann aus der Pfanne nehmen. Das Faschierte mit Salz, Cayennepfeffer und Thymian in der Pfanne anbraten und mit dem Gemüse vermischen. Sauerrahm, Schlagobers und geriebenen Parmesan verrühren, Tomaten in Scheiben schneiden.
Weißkrautblätter, Faschiertes und Tomaten nacheinander in eine gebutterte Auflaufform einschichten, dabei jede Schicht mit etwas Soße begießen. Zum Schluß noch mit etwas Parmesan bestreuen und bei 180° C ca. 60 Minuten im Rohr überbacken.

22. November

Gefüllte Paprika mit Mozzarella K

1 Zwiebel
1 Knoblauchzehe
2 EL Öl
100 g Reis
625 ml Gemüsebrühe
rote, grüne und gelbe Paprikaschoten
150 g Mozzarella
1 Bund Petersilie
Salz, Pfeffer
100 g Frischkäse mit Kräutern

Zwiebel und Knoblauch fein würfeln, in Öl andünsten, Reis dazugeben, mit 250 ml Gemüsebrühe aufgießen und auf kleiner Flamme ausquellen lassen. Die Paprikaschoten aushöhlen, den Mozzarella fein würfeln, die Petersilie hacken und unter den Reis mischen, salzen und pfeffern. Den Reis in die Paprika einfüllen, Deckel aufsetzen, in eine Auflaufform stellen, die restliche Gemüsebrühe dazugießen und im Backrohr bei 200° C ca. 40 Minuten dünsten. Vor dem Servieren die Gemüsebrühe noch mit dem Frischkäse verrühren, mit Salz und Pfeffer abschmecken und mit gehackter Petersilie bestreuen.

23. November

Fenchelsalat E

750 g Fenchel
1 Bund Dille
5 EL Zitronensaft
Salz, Pfeffer
2 EL Öl
125 g Sauerrahm
125 g Jogurt
1 Zwiebel
1 Knoblauchzehe

Fenchel in dünne Scheiben schneiden, Dille hacken, Zwiebel fein schneiden und Knoblauch durch die Presse drücken. Zitronensaft, Salz, Pfeffer, Dille und Öl miteinander verrühren und unter die Fenchelscheiben mischen. Sauerrahm, Jogurt, Zwiebel und Knoblauch vermischen, mit Salz und Pfeffer abschmecken und über die Fenchelscheiben gießen.

Zwiebelrostbraten E

800 g Beiried
250 g Zwiebeln
Öl
etwas Suppe
Salz, Pfeffer
Senf

Beiriedschnitten leicht klopfen, an den Rändern einschneiden, salzen, pfeffern und mit Senf einstreichen. Die Zwiebeln in feine Streifen schneiden. Beiriedschnitten in einer Pfanne mit heißem Fett anbraten, wenden und aus der Pfanne nehmen. Im Bratenfett die Zwiebeln kräftig anrösten, mit Suppe aufgießen, würzen und die Beiriedschnitten darin weichdünsten.

24. November

Kabeljau im Gemüsesud E

400 g Kabeljau
200 g frisches Kraut
50 g Stangensellerie
1 kleine Tomate
2 junge Zwiebeln
Kräutersalz
1 Chilischote
1 Prise Currypulver
etwas Ingwer, Petersilie
ca. 1/2 l Wasser

Kraut, Sellerie, Zwiebeln und Tomate fein schneiden, im Wasser einmal aufkochen und mit Kräutersalz, Chili, Curry, Ingwer und frisch gehackter Petersilie würzen. Den Fisch einlegen, mitdünsten und mit dem Gemüse servieren.

Blaukraut-Risotto K

200 g Vollreis
ca. 1/2 l Salzwasser
200 g Blaukraut
Salz, Pfeffer
ca. 1/8 l Gemüsebrühe
etwas Muskatnuss, etwas Zimt
1 EL Butter
1 Zwiebel

Den Reis in dem Salzwasser kochen. Das Blaukraut fein schneiden, die Zwiebel würfeln und in etwas Butter anrösten. Das Blaukraut dazugeben, mit der Gemüsebrühe aufgießen und dünsten lassen. Mit den Gewürzen abschmecken und den fertigen Reis daruntermischen. Je nach Geschmack noch mit etwas Zimt verfeinern.

25. November

Currygemüse mit Fisch E

2 Karotten
4 Stangen Staudensellerie
1 Stange Lauch
1 Zwiebel
40 g Butter
2 EL Currypulver
500 ml Hühnersuppe
200 ml Creme fraiche
400 g Flunder
Zitronensaft
Salz, Pfeffer
1 Bund Petersilie

Karotten, Staudensellerie und Lauch klein schneiden, die Zwiebel in Ringe schneiden und in Butter kurz anrösten. Curry dazugeben, mit der Hühnersuppe aufgießen und das Gemüse einlegen. Creme fraiche einrühren und ca. 15 Minuten köcheln lassen. Die Fischfilets in Streifen schneiden, mit Zitronensaft beträufeln und würzen. Wenn das Gemüse bissfest ist, die gehackte Petersilie und die Fischfilets beifügen, einige Minuten ziehen lassen und nochmals mit Salz und Pfeffer abschmecken.

26. November

Kürbissalat mit Schafskäse   E

350 g Kürbis
150 g Zuckerschoten
Salz
50 g Zwiebeln
100 g Cocktailtomaten
1 grüne Pfefferoni
1 Knoblauchzehe
2 EL Weißweinessig
1 EL Zitronensaft
1 EL Orangensaft
1 EL Limettensaft
1 EL Olivenöl
5 EL Gemüsebrühe
1 TL Dijon-Senf
Pfeffer
30 g schwarze Oliven
50 g Schafskäse

Kürbis schälen und Fruchtfleisch würfeln, zusammen mit den Zuckerschoten in kochendem Salzwasser blanchieren, in ein Sieb abgießen, kalt abschrecken und abtropfen lassen. Zwiebeln in Ringe schneiden, Tomaten vierteln, Pfefferoni und Knoblauch fein hacken. Pfefferoni, Knoblauch, Essig, Zitronen-, Orangen- und Limettensaft, Öl, Gemüsebrühe und Senf vermischen. Mit Salz und Pfeffer abschmecken. Kürbis, Zuckerschoten, Zwiebeln, Tomaten, Oliven und grob zerbröckelten Schafskäse auf Tellern anrichten und mit der Vinaigrette beträufeln.

27. November

Fenchelgratin mit Frischkäsesoße   N

800 g Fenchel
Salzwasser
250 g Frischkäse mit Kräutern
Salz, Pfeffer
1/8 l Gemüsebrühe
30 g gehobelte Mandeln

Den Fenchel halbieren und in Salzwasser blanchieren, herausnehmen, gut abtropfen und auskühlen lassen. Die einzelnen Schichten der Fenchelknollen auseinanderziehen und mit 100 g Frischkäse bestreichen. Den Fenchel mit den Schnittflächen nach unten in eine ausgefettete Auflaufform setzen, den restlichen Frischkäse mit Salz und Pfeffer kräftig würzen, mit der Gemüsebrühe verrühren und auf dem Fenchel verteilen. Mit Mandeln bestreuen und im Backrohr bei 200° C etwa 30 Minuten überbacken.

Schweinskoteletts mit Tomaten und Oliven   E

4 Schweinskoteletts
2 Zwiebeln, 1 kg Tomaten
Salz, Pfeffer, 2 EL Öl
schwarze Oliven, Oregano

Koteletts leicht klopfen, salzen und pfeffern. Zwiebeln hacken, auf geöltem Blech verteilen und im Backrohr vorgaren. Tomaten häuten und halbieren, mit der Schnittfläche auf die Zwiebeln legen, würzen, darauf die vorbereiteten Koteletts geben. Zwischen die Tomaten Oliven geben und mit Oregano bestreuen. Ca. 20 Minuten bei 200° C garen.

28. November

Gemüseauflauf mit Gorgonzola   E

1 Sellerieknolle
300 g Lauch
300 g Karotten
300 g Fenchel
Salz
300 g Tomaten
Fett für die Form
Pfeffer
Muskatnuss
1 Zwiebel
1 Knoblauchzehe
4 EL Butter
1/8 l Gemüsebrühe
125 g Schlagobers
175 g Gorgonzola
Zitronensaft
Schnittlauch

Gemüse putzen und waschen, klein schneiden und portionsweise in kochendem Salzwasser blanchieren, dann sofort in eiskaltem Wasser abschrecken, in einem Sieb gut abtropfen lassen.
Die einzelnen Gemüsesorten nebeneinander in eine gefettete Auflaufform einschichten, jedes Gemüse mit etwas Salz, Pfeffer und Muskatnuss würzen.
Würfelig geschnittene Zwiebel und zerdrückte Knoblauchzehe in etwas zerlassener Butter glasig dünsten. Mit Gemüsebrühe und Schlagobers aufgießen und aufkochen. Den Gorgonzola zerbröckeln, dazugeben, verrühren und kurz köcheln lassen, mit Zitronensaft, Pfeffer und etwas Salz abschmecken, dann über den Auflauf gießen. Bei 200° C ca. 20 Minuten überbacken und mit Schnittlauch bestreuen.

29. November

Gemüsepfanne mit Weizen   K

150 g Weizen
625 ml Gemüsebrühe
300 g Karotten
300 g Kohlrabi
200 g Zucchini
40 g Butter
1/8 l Schlagobers
Salz, Pfeffer
2 EL Hirseflocken
Petersilie

Den über Nacht eingeweichten Weizen in 1/2 l Gemüsebrühe aufkochen und ca. 30 Minuten ausquellen lassen. Karotten würfeln, Kohlrabi und Zucchini klein schneiden. Karotten und Kohlrabi in heißem Fett andünsten, restliche Gemüsebrühe und Schlagobers dazugießen und ca. 20 Minuten ziehen lassen. Zucchini 5 Minuten mitgaren, würzen, Weizen und Hirseflocken unterrühren und abschmecken. Mit Petersilie bestreuen.

Italienischer Fenchelsalat   E

1 Fenchelknolle
2 EL Weinessig, 1 TL Senf
Salz, Pfeffer
2 EL Olivenöl
50 g Schinken
1 Apfel, 1 Orange

Fenchel grob raspeln, aus Essig, Senf, Gewürzen und Öl eine Marinade rühren und über den Fenchel gießen. Schinken und Apfel in Würfel schneiden, Orange filetieren und alles mit dem Fenchel vermischen.

30. November

Zucchini-Grünkern-Auflauf   **K**

100 g Grünkern
3/4 l Gemüsebrühe
2 Zucchini
250 g Karotten
1 Zwiebel
1 Knoblauchzehe
30 g Butter
80 g Schafkäse
Salz, Pfeffer
1/4 l Schlagobers
1 Eidotter

Grünkern in 1/2 l Gemüsebrühe aufkochen und ausquellen lassen. Zucchini der Länge nach halbieren und aushöhlen, dann kurz in kochendem Wasser blanchieren. Zucchinifleisch würfeln, Karotten raspeln, Zwiebel und Knoblauch fein hacken und alles zusammen im heissen Fett ca. 5 Minuten anbraten. Restliche Gemüsebrühe dazugießen und kurz köcheln lassen. Abgetropften Grünkern und zerbröckelten Schafskäse dazugeben, würzen und die Grünkernmasse auf die Zucchinihälften verteilen.
In eine ausgefettete Auflaufform geben, Schlagobers mit Eidotter, Salz und Pfeffer verrühren und darübergießen. Im Backrohr bei 180° C ca. 20 Minuten überbacken.

1. Dezember

**Fischauflauf
mit Gemüse und Mozzarella** E

2 Fleischtomaten
3/4 l Gemüsebrühe
2 Zucchini
1 Zwiebel
1 Fenchelknolle
300 g Broccoli
500 g Seelachsfilet
250 g Mozzarella
Butter
Salz
Pfeffer
1 Knoblauchzehe
Petersilie

Tomaten schälen und in Scheiben schneiden, Zucchini ebenfalls in Scheiben, Zwiebel in Ringe, Fenchel in Würfel schneiden. Broccoli in Roeschen teilen und alles ca. 10 Minuten in der Gemüsebrühe kochen. Das Fischfilet waschen, trockentupfen und zerkleinern. Das Gemüse aus dem Sud heben, dann die Fischstücke hineingeben, 5 Minuten ziehen lassen und herausheben. Gemüse und Fisch abwechselnd in eine Auflaufform schichten, mit Salz und Pfeffer abschmecken, mit Mozzarellascheiben belegen und und mit dem gehackten Knoblauch bestreuen. Im Backrohr bei 200° C überbacken und mit gehackter Petersilie bestreuen.

2. Dezember

Selleriesalat gekocht E

500 g Sellerie
ca. 1/8 l Weißweinessig
6 EL Salatöl
Petersilie
Salz, weißer Pfeffer

Sellerie schälen, in Salzwasser kochen, nudelig schneiden, mit der Marinade vermischen und gut ziehen lassen.

Birnenkompott E

800 g vollreife Birnen
etwas Zitronensaft
1/2 l Weißwein
1 Vanilleschote
Zitronenschale
4 cl Birnenschnaps
40 g Pinienkerne

Die geschälten und entkernten Birnen zerkleinern und mit Zitronensaft beträufeln. Wein, aufgeschnittene Vanilleschote und Zitronenschale einige Minuten köcheln lassen. Die Birnen in den Sud geben, kurz ziehen lassen, anschließend aus dem Sud heben und die Flüssigkeit noch etwas einkochen. Mit Birnenschnaps abschmecken, über die Früchte gießen und kalt stellen. Mit gerösteten Pinienkernen bestreuen.

3. Dezember

Burgunderbraten mit Zucchinigemüse E

1 TL Salz, Pfeffer
1 kg Rindsschulter
2 Zwiebeln
2 Karotten
6 EL Öl
1/2 l Burgunder Rotwein
200 g Schalotten
250 g Champignons
50 g Speck
1 EL Öl
2 EL Schlagobers
500 g Zucchini
Thymian
Basilikum
1/2 TL Salz

Rindsschulter mit Salz und Pfeffer einreiben, Zwiebeln und Karotten schälen, in Scheiben schneiden, Öl in einem Topf erhitzen und das Fleisch und Gemüse darin scharf anbraten. Mit dem Wein aufgießen und etwa 120 Minuten im geschlossenen Topf schmoren. Die Schalotten schälen, Champignons blättrig schneiden, Speck würfeln und in heißem Öl kräftig durchbraten, dann beiseite stellen. Braten aus dem Topf nehmen, in Alufolie einwickeln und warm stellen. Den Topf für die Zucchini beiseite stellen. Bratensaft pürieren, Schalotten und Champignons darin aufkochen, eventuell noch mit Wein verdünnen, das Schlagobers unterrühren und abschmecken.
Zucchini in Streifen schneiden, in den beiseite gestellten Topf geben, Thymian, Basilikum und Salz daraufstreuen und ca. 5 Minuten gar dünsten.

4. Dezember

Rotkrautsuppe   E

400 g Rotkraut
1 Zwiebel
etwas Butter
100 ml Rotwein
1 l Gemüsebrühe
Salz, Pfeffer
Kümmel
250 g Schlagobers

Die Zwiebel fein schneiden und in etwas Butter glasig andünsten. Mit dem Rotwein und der Gemüsebrühe aufgießen, das nudelig geschnittene Kraut dazugeben und mit Salz, Pfeffer und Kümmel würzen. Auf kleiner Flamme ca. 30 Minuten köcheln lassen. Zuletzt das Schlagobers einrühren und mit dem Mixstab pürieren.

Dinkelkipferln   K

280 g Dinkelfeinmehl
70 g Honig
100 g Mandeln
200 g Butter

Aus den Zutaten einen geschmeidigen Mürbteig kneten und rasten lassen. Kipferln formen, auf ein Backblech setzen und bei 200° C backen.

5. Dezember

Karpfen mit Zucchinigemüse   E

500-600 g Karpfenfilet
Salz, Pfeffer
Zitronensaft
Sojasoße
Öl
400 g Zucchini
1 rote Paprikaschote
1 Knoblauchzehe
Butter
2 EL Sauerrahm
Petersilie

Karpfenfilet gut waschen, trockentupfen, in kleinere Stücke schneiden, mit Salz, Pfeffer, Zitronensaft und Sojasoße gut würzen und ziehen lassen.
Zucchini in Scheiben und Paprika würfelig schneiden, in einer Pfanne mit etwas Butter anrösten und mit Salz, Peffer und Knoblauch leicht würzen.
Die Karpfenfilets in einer Pfanne mit heißem Öl anbraten, dann auf das Gemüse legen und ziehen lassen, bis sie gar sind.
Mit Sauerrahm und gehackter Petersilie verfeinern.

6. Dezember

Wirsing mit Lauch   N

500 g Wirsing
500 g Lauch
1 Zwiebel
50 g Butter
1 Knoblauchzehe
Salz
Pfeffer
Basilikum
1/8 l Schlagobers

Die Wirsingblätter kurz blanchieren, abtropfen lassen und in Streifen schneiden.
Den Lauch in Scheiben schneiden, Zwiebel würfelig schneiden.
Butter zerlassen, Zwiebel glasig dünsten, die zerdrückte Knoblauchzehe, Wirsing und Lauch dazugeben und ca. 10 Minuten köcheln lassen. Salzen, pfeffern, mit Basilikum würzen, das Schlagobers einrühren und nochmals kurz aufkochen lassen.

7. Dezember

Dinkelnockerln   K

80 g Butter
2 Eidotter
100 g Dinkelvollmehl
Salz
Muskatnuss

Die Butter cremig schlagen und mit den Eidottern, dem Mehl und den Gewürzen vermischen, 30 Minuten rasten lassen. Mit einem Löffel Nockerln ausstechen und in kochendem Salzwasser etwa 15 Minuten ziehen lassen.

Spaghetti
mit Fenchel-Paprika-Gemüse   K

400 g Spaghetti
1 Fenchelknolle
100 g Paprikaschote
100 g Zucchini
1 EL Olivenöl
Salz
Pfeffer

Das beliebig geschnittene Gemüse in Olivenöl andünsten, zugedeckt auf kleiner Flamme etwa 6 Minuten dünsten und mit Salz und Pfeffer abschmecken, dann warm stellen.
Spaghetti in reichlich Salzwasser kochen, abseihen und mit dem Gemüse in der Pfanne vermischen.

8. Dezember

Apfelkompott E

500 g Äpfel
1 Zimtrinde
4 Gewürznelken
Zitronensaft
Zitronenschale
Wasser
(wenig Honig)

Äpfel schälen, entkernen und in Spalten schneiden. Mit Zitronensaft marinieren und dann mit Wasser, Honig, Zitronenschale, Zimtrinde und Gewürznelken kurz kochen, sodass die Äpfel noch kernig sind. Auskühlen lassen und Zitronenschale, Zimtrinde und Gewürznelken herausnehmen.

Waldorfsalat E

1 Stangensellerie
2 Äpfel
200 g weiße und blaue Weintrauben
Walnüsse
Salz
etwas Pfeffer
1 Becher Sauerrahm
Kräuteressig

Stangensellerie fein schneiden, Äpfel ebenfalls, Trauben waschen und halbieren. Die Walnüsse grob hacken und alles in einer Salatschüssel vermengen. Aus Sauerrahm, Essig, Salz und Pfeffer eine Marinade rühren und über den Salat gießen.

9. Dezember

Forelle auf Kürbisgemüse E

8 Forellenfilets
Kräutersalz
etwas Zitronensaft
Butter
400 g Kürbisfleisch
100 g weiche Linsen
2 Knoblauchzehen
1 kleine Zwiebel
Salz
Pfeffer
Butter
1/4 l Schlagobers

Die Forellenfilets gut waschen, salzen und mit Zitronensaft beträufeln.
Das Kürbisfleisch würfelig schneiden, die fein geschnittene Zwiebel und den Knoblauch in einer Pfanne mit Butter leicht anrösten.
Den Kürbis und die Linsen dazugeben und kurz mitrösten, mit dem Schlagobers aufgießen und kurz aufkochen lassen. Mit Salz und Pfeffer leicht würzen und warm stellen.
In einer heißen Pfanne mit Butter die Bachforellenfilets auf beiden Seiten kurz braten und zusammen mit dem Kürbisgemüse servieren.

10. Dezember

Karotten in Rahmsoße N

500 g Karotten
4 Schalotten
20 g Butter
Salz, Pfeffer
1/8 l Wasser
200 g Creme fraiche

Karotten putzen und stiftelig schneiden. Schalotten fein hacken, in zerlassener Butter andünsten, Karotten dazugeben, mit Salz und Pfeffer würzen, mit dem Wasser aufgießen und 10 bis 15 Minuten dünsten, Wasser abgießen. Creme fraiche unter die Karotten rühren und kurz ziehen lassen.

Topfenaufstrich mit Nüssen N

250 g Topfen
2 EL Sauerrahm
1 Zwiebel
Salz, Pfeffer
Nüsse

Topfen und Sauerrahm glattrühren und mit der fein gehackten Zwiebel vermischen. Mit Salz und Pfeffer pikant abschmecken und reichlich mit gehackten Nüssen bestreuen.

11. Dezember

Polentaschnitten K

300 ml Polenta
etwas Butter
800 ml Wasser
etwas Salz
20 geriebener Mozzarella
Butter

Das kochende Wasser salzen, die Butter hineingeben und die Polenta einrühren. Auf kleiner Flamme ca. 20 Minuten quellen lassen, dabei öfter umrühren. Zum Schluß den geriebenen Mozzarella einrühren, in eine kalt ausgespülte Kastenform geben, glattstreichen und abkühlen lassen.
In Schnitten schneiden und in etwas Butter auf beiden Seiten braten.

12. Dezember

Fenchel in Safransoße — N

3 Fenchelknollen
50 g Butter
Salz
1 Prise Safran
250 g Schlagobers
40 g Pinienkerne

Fenchelknollen in feine Streifen schneiden, Butter erhitzen, Fenchel darin anbraten. Salz, Safran und Schlagobers dazugeben und alles ca. 15 Minuten dünsten. Zuletzt mit gerösteten Pinienkernen bestreuen.

Rosmarinkartoffeln — K

1 kg speckige Kartoffeln
1 Zwiebel
4 Knoblauchzehen
Kräutersalz
2 Rosmarinzweige
Olivenöl

Die Kartoffeln gut waschen und mit der Schale in grobe Würfel schneiden. Die Zwiebel achteln, die Knoblauchzehen schälen und halbieren. Alles zusammen in eine feuerfeste Form geben, mit Salz würzen und mit Olivenöl beträufeln. Zuletzt die Rosmarinzweige darauflegen und im Backrohr bei 180° C ca. 30 Minuten garen.

13. Dezember

Putengulasch — E

2 Knoblauchzehen
Basilikum
200 g Tomaten
1 Zitronenschale
500 g Putenbrust
1 rote Paprikaschote
1 gelbe Paprikaschote
1 grüne Paprikaschote
250 g Staudensellerie
3 EL Olivenöl
Salz, Pfeffer

Die Tomaten würfeln, mit dem zerdrückten Knoblauch, dem gehackten Basilikum und der geriebenen Zitronenschale vermengen und zugedeckt ziehen lassen. Putenfleisch würfeln, ebenso die Paprikaschoten. Sellerie klein schneiden. Fleisch in heißem Öl anbraten, mit Salz und Pfeffer würzen, Gemüse dazugeben, kurz anbraten und mit 1/2 l Wasser aufgießen. 10 Minuten auf kleiner Flamme köcheln lassen. Nochmals pikant abschmecken und mit der Tomaten-Basilikum-Soße servieren.

14. Dezember

Topfenauflauf mit Äpfeln · E

3 säuerliche Äpfel
Butter
4 Eier
etwas Zitronenschale
Salz
1 EL Honig
500 g Topfen

Die Äpfel schälen und in kleine Stücke schneiden. Die Eiklar mit dem Salz zu einem festen Schnee schlagen, den Topfen mit den Eidottern, der Zitronenschale und den Honig schaumig rühren. Den Eischnee vorsichtig unter die Topfenmasse heben und diese in eine befettete Auflaufform geben. Die Äpfel darauf verteilen und leicht in die Masse drücken. Bei 175° C ca. 20 Minuten backen.

Weihnachtsbäckerei · K

250 g Butter
250 g Vollkornmehl
1/8 l Schlagobers
Marillenmarmelade

Mehl und Butter verkneten, das Schlagobers dazugeben und zu einem glatten Teig verarbeiten. Über Nacht rasten lassen, dann ausrollen, kleine Vierecke schneiden, jeweils mit Marmelade bestreichen, links und rechts einschlagen, festdrücken und backen.

15. Dezember

Zucchini mit Karotten · N

500 g Zucchini
400 g Karotten
2 Schalotten
3 EL Butter
1 Knoblauchzehe
Salz, Pfeffer
200 g Creme fraiche

Zucchini in Scheiben schneiden, Karotten ebenfalls in Scheiben schneiden, Schalotten sehr fein würfeln. Butter in einer Pfanne erhitzen. Schalotten, Karotten und Zucchini darin kurz anbraten, Knoblauch dazugeben, mit Salz und Pfeffer würzen und zugedeckt noch 5 Minuten bei schwacher Hitze dünsten. Creme fraiche einrühren und etwas einkochen lassen.

16. Dezember

Reislaibchen K

125 g Vollreis
Wasser
80 g Vollkornmehl
1 Eidotter
frische Kräuter
Salz, Pfeffer
50 g Topfen

Reis kochen, etwas abkühlen lassen und mit Mehl, Eidotter und Topfen vermischen. Salzen, pfeffern und die gehackten Kräuter einrühren. Laibchen formen und auf ein mit Backpapier belegtes Backblech setzen. Bei 175° C ca. 20 Minuten backen.

Grießsuppe K

4 EL Grieß
Butter
1 Karotte
1 Zwiebel
Salz
Muskatnuss
Petersilie
1 l Gemüsebrühe

Zwiebel fein schneiden und Karotte reiben, beides in Butter andünsten. Den Grieß dazugeben und mitrösten. Mit der Gemüsebrühe aufgießen, ca. 15 Minuten ziehen lassen, würzen und mit gehackter Petersilie bestreuen.

17. Dezember

Bohnengemüse mit Fenchel N

1 Zwiebel
1 EL Öl
750 g grüne Bohnen
1 Fenchelknolle
125 ml Gemüsebrühe
Salz, Pfeffer
1 TL Koriander
2 EL Basilikum
1 EL Fenchelgrün
50 g Mozzarella

Zwiebel fein schneiden und in heißem Öl glasig dünsten. Bohnen waschen und in Stücke schneiden, Fenchel ebenfalls waschen und in Scheiben schneiden, beides mit der Zwiebel anrösten, Koriander zufügen, mit Gemüsebrühe aufgießen, mit den Gewürzen abschmecken und dünsten. Basilikum und Fenchelgrün einrühren, mit Mozzarella belegen und so lange ziehen lassen, bis der Käse geschmolzen ist.

18. Dezember

Schnitzel mit Schinken und Salbei   E

8 Kalbsschnitzel
8 Scheiben Rohschinken
8 große Salbeiblätter
Salz
Pfeffer
Butter
etwas Wasser oder Suppe

Schnitzel klopfen und mit Salz und Pfeffer würzen. Mit den Schinkenscheiben belegen und jeweils ein Salbeiblatt darauf mit einem Zahnstocher fixieren. In heißer Butter auf beiden Seiten anbraten, dann herausnehmen und warm stellen. Den Bratenrückstand mit etwas Wasser oder Suppe aufgießen, aufkochen und mit dem Fleisch servieren.

Schokobusserln   K

150 g Butter
150 g Schokolade
210 g Nüsse
210 g Honig

Schokolade und Nüsse fein reiben und mit der zimmerwarmen Butter und dem Honig zu einem Teig verkneten. An einem kühlen Ort rasten lassen. Kleine Häufchen auf ein mit Backpapier belegtes Backblech setzen und bei 150° C mehr trocknen als backen, wobei man die Backofentür einen Spalt breit offen läßt.

19. Dezember

Gemüsegratin mit Schafskäse   K

3 Karotten
800 g Kartoffeln
2 Fenchelknollen
1 Stange Lauch
1 Paprikaschote
1/4 l Sauerrahm
1/4 l Schlagobers
4 Eidotter
2 EL Mehl
1 Knoblauchzehe
Salz
Pfeffer
Muskatnuss
250 g Schafskäse
etwas Butter

Das Gemüse waschen und fein schneiden, Sauerrahm, Schlagobers, Eidotter, Mehl, zerdrückte Knoblauchzehe, Salz, Pfeffer und Muskatnuss verrühren, Schafskäse zerbröckeln. Das Gemüse abwechselnd mit der Sauerrahm—Eidottermasse und dem Schafskäse in eine befettete Auflaufform schichten, mit Schafskäse abschließen. Im Backrohr bei 175° C ca. 50 Minuten backen.

20. Dezember

Hirseflockensuppe K

40 g Butter
1 Karotte
1 l Gemüsebrühe
3 EL Hirseflocken
Salz
Muskatnuss
Petersilie

Die Karotte feinnudelig schneiden und in etwas Butter kurz anrösten. Mit Gemüsebrühe aufgießen und kurz aufkochen. Hirseflocken einrühren, mit Salz und Muskatnuss würzen und mit gehackter Petersilie bestreuen.

Karottenaufstrich E

250 g Topfen
100 g Karotten
50 g Äpfel
Kräutersalz
Pfeffer
Schnittlauch

Die Karotten und Äpfel fein raffeln und mit dem Topfen gut vermischen. Mit Salz und Pfeffer pikant abschmecken und mit Schnittlauch bestreuen.

21. Dezember

Zwiebelfisch E

4 Zwiebeln
4 Fischfilets nach Wahl
etwas Öl
Salz
Pfeffer
Zitronensaft
Paprikapulver
1/2 Becher Sauerrahm

Zwiebeln in Ringe schneiden und gut durchrösten, würzen und in eine feuerfeste Form geben. Die Fischfilets salzen, pfeffern, mit Zitronensaft beträufeln, mit Paprika bestreuen und auf die Zwiebeln legen, mit dem Sauerrahm bedecken. Bei 180° C ca. 20 Minuten im Rohr backen.

22. Dezember

Selleriecremesuppe E

1 Sellerieknolle
1 l Gemüsebrühe
etwas Zitronensaft
20 g Butter
Salz
Pfeffer
1/8 l Schlagobers

Die Sellerieknolle klein schneiden und in der Gemüsebrühe mit dem Zitronensaft weichkochen. Mit dem Mixstab pürieren, mit Salz und Pfeffer abschmecken, das Schlagobers eingießen und zuletzt nach und nach die kalte Butter einrühren.

Putenrollbraten E

1 Putenbrust (ca. 800 g)
100 g Schinken
1 Kugel Mozzarella
Salz
Pfeffer
etwas Öl
Bindfaden

Die Putenbrust in der Mitte einmal durchschneiden, aber nicht ganz, sodass man die Putenbrust auseinander klappen kann. Salzen, pfeffern und mit den Schinkenscheiben belegen. Darüber den in Scheiben geschnittenen Mozzarella geben und die Putenbrust einrollen. Mit dem Bindfaden zusammenbinden und in heißem Öl zunächst einmal auf allen Seiten anbraten. In eine feuerfeste Form mit etwas Wasser geben und im Rohr garen.

23. Dezember

**Fasanenbrust
mit Zucchini auf Blattsalat** E

400 g Fasanenbrust
Salz
geschroteter Pfeffer
etwas Rosmarin
Öl zum Anbraten
300 g Zucchini
1/8 l Balsamicoessig
4 EL Kürbiskernöl
Blattsalat nach Wahl
frisch gehackte Kräuter

Die Fasanenbrust gut waschen und mit Salz, Pfeffer und Rosmarin würzen.
Auf beiden Seiten gut anbraten, sodass sie innen noch rosa bleibt.
Die Zucchini blättrig schneiden, kurz in kochendes Salzwasser einlegen, abseihen und mit dem Balsamicoessig übergießen.
Die Fasanenbrust dünn aufschneiden und mit dem Blattsalat und den Zucchini anrichten.
Zuletzt mit dem Kürbiskernöl übergießen und die gehackten Kräuter darüberstreuen.

24. Dezember

Weihnachtskarpfen   E

1 Karpfen (ca. 1–2 kg)
Salz
weißer Pfeffer
Sojasoße
Zitronensaft
Öl
3 Knoblauchzehen
200 g Karotten und Sellerie
60 g Zwiebeln
Petersilie
Milch
Butter

Den Karpfen waschen und über Nacht in Milch einlegen, dadurch verliert er den moosigen Geschmack. Mit Salz, Pfeffer, Sojasoße und Zitronensaft innen und außen gut würzen, in einer großen Pfanne anbraten, auslegen und das Öl abgießen. Etwas Butter in die Pfanne geben und die Zwiebeln, den Knoblauch und das Gemüse leicht anrösten. Den Karpfen auf eine mit Butter bestrichene Alufolie legen, mit dem Gemüse und gehackter Petersilie füllen und den Rest darüberstreuen. In die Folie einpacken, im Rohr ca. 30–40 Minuten garen und in der Folie servieren.

25. Dezember

Gebratener Truthahn   E

1 Truthahn
Salz
Pfeffer
Öl
1/4 l Suppe

Truthahn innen und außen kräftig würzen. In einer passenden Pfanne Öl erhitzen, darin den Truthahn zuerst auf den Brustseiten anbraten, dann auf den Rücken legen. Im Backrohr unter ständigem Begießen langsam braten.
Bei Bedarf mit Alufolie abdecken, sollte der Truthahn zu stark bräunen.

Jogurtnockerln auf Himbeermark   E

1/4 l Jogurt
etwas Zitronensaft
6 Gelatineblätter
1/4 l Schlagobers
Himbeeren (tiefgekühlt)
(wenig Honig)

Gelatineblätter in kaltem Wasser ca. 15 Minuten einweichen und dann ausdrücken. 1 EL Jogurt erwärmen und die Gelatine darin auflösen, das restliche Jogurt mit Honig und Zitronensaft glattrühren. Gelatine in die Jogurtmasse einrühren, das geschlagene Obers behutsam unterziehen und kalt stellen. Die Himbeeren erhitzen und mit dem Mixstab pürieren. Auf Dessertteller gießen, mit einem Löffel Nockerln ausstechen und auf dem Himbeermark anrichten.

26. Dezember

Schwammerlreis mit Kräutern K

150 g Vollreis
250 ml Gemüsebrühe
1 kleine Zwiebel
etwas Butter
125 g Champignons
Salz
Pfeffer
Petersilie

Die Zwiebel klein schneiden und in der Butter andünsten. Den Reis dazugeben, kurz mitrösten und dann mit der Gemüsebrühe aufgießen. Auf kleiner Flamme weichdünsten. Champignons blättrig schneiden und in heißer Butter unter ständigem Umrühren anrösten, salzen, pfeffern und die gehackte Petersilie unterrühren. Zuletzt die Champignons unter den fast fertigen Reis mischen.

Apfelcreme E

4 Äpfel
Zitronensaft
(wenig Honig)
1/4 l Schlagobers
Zimt

Die Äpfel schälen, entkernen und in wenig Wasser weich dünsten, dann mit einer Gabel zerdrücken oder mit dem Mixstab pürieren. Den Honig einrühren und auskühlen lassen. Das geschlagene Obers vorsichtig unterziehen und mit Zimt bestreuen.

27. Dezember

Kartoffelknödel mit Lauchbutter K

600 g mehlige Kartoffeln
120 g Stärkemehl
etwas Salz
1 EL Grieß
150 g Butter
1 Stange Lauch
Salz
Pfeffer

Kartoffeln kochen, auskühlen lassen und durch die Presse drücken. Mit dem Stärkemehl, dem Grieß und dem Salz gut verkneten, Knödel formen und in reichlich Salzwasser kochen. Die Butter in einer Pfanne zerlassen und den in Ringe geschnittenen Lauch kurz anschwitzen, salzen und pfeffern. Die Lauchbutter über die Knödel gießen.

28. Dezember

Karottencremesuppe K

400 g Karotten
1 Zwiebel
1 Knoblauchzehe
Butter
Salz
Pfeffer
1 l Gemüsebrühe
1 EL Mehl
1/8 l Schlagobers
Petersilie

Die Zwiebel fein schneiden, den Knoblauch zerdrücken und beides in zerlassener Butter kurz anschwitzen. Die geraffelten Karotten dazugeben, mit dem Mehl stauben und mit der Gemüsebrühe aufgießen. Mit dem Mixstab pürieren und mit Salz und Pfeffer abschmecken. Zuletzt das Schlagobers einrühren und mit gehackter Petersilie bestreuen.

Topfenstangerln K

300 g Topfen
100 g Mehl
50 g Grieß
2 Eidotter
Salz
Öl zum Ausbacken

Die Zutaten zu einem geschmeidigen Teig verarbeiten und ca. 15 Minuten rasten lassen. Aus dem Teig ca. 10 cm lange, fingerdicke Stangerln rollen und in heißem Öl ausbacken.

29. Dezember

Kalbsgulasch E

800 g Kalbsschulter
250 g Zwiebeln
Öl
etwas Wasser
20 g Paprikapulver
Salz
Zitronensaft
1/8 l Schlagobers

Kalbfleisch würfelig schneiden, Zwiebeln fein hacken, in heißem Öl hellbraun rösten, Paprikapulver dazugeben und mit dem Wasser aufgießen. Kalbfleisch dazugeben, mitdünsten, salzen und Zitronensaft dazugießen. Fleisch zugedeckt weichdünsten, dann herausheben, das Schlagobers einrühren, nochmals aufkochen lassen und den Saft passieren. Fleisch wieder einlegen und nochmals abschmecken.

30. Dezember

Pumpernickelwürfel   K

Pumpernickel
Frischkäse mit Kräutern
Liptauer
Frischkäse neutral
Zahnstocher

Pumpernickelscheibe mit neutralem Frischkäse bestreichen, mit einer weiteren Pumpernickelscheibe bedecken, diese mit Liptauer und die nächste Brotscheibe mit Kräuterfrischkäse bestreichen. Mit einer Pumpernickelscheibe abschließen und mindestens 8 Stunden in den Kühlschrank geben oder einfrieren. Mit einem scharfen Messer Würfel mit 2x2 cm ausschneiden und in jeden Würfel einen Zahnstocher geben.

Hirsotto   K

150 g Hirse
Gemüsebrühe
1 Zwiebel
1 Knoblauchzehe
Butter
2 Karotten
1 Zucchini
Salz
Pfeffer

Zwiebel fein schneiden und mit dem zerdrückten Knoblauch in etwas Butter kurz anschwitzen. Die in Scheiben geschnittenen Karotten und Zucchini ebenfalls mitrösten, zuletzt die Hirse einrühren, mit der Gemüsebrühe aufgießen, salzen, pfeffern und auf kleiner Flamme quellen lassen.

31. Dezember

Reisknödel mit Frischkäse   K

125 g Naturreis
ca. 1/4 l Wasser
Salz
Pfeffer
etwas Salbei
1 Eidotter
120 g Frischkäse
Petersilie
Mehl
1 Eidotter
Semmelbrösel
Öl

Den Reis in Salzwasser aufkochen, quellen lassen, dann erkalten lassen. Frischkäse, Eidotter, Pfeffer, Salbei und gehackte Petersilie gut mit dem Reis vermischen.
Kleine Knödel formen, kurz rasten lassen, anschließend in Mehl, Eidotter und Bröseln panieren und in tiefem Fett ausbacken.

Rezeptverzeichnis nach Nahrungsmittelgruppen

Eiweißgerichte

Ananas mit Schlag	50
Apfel-Karottensaft	137
Apfelcreme	222
Apfeljogurt	61
Apfelkompott	213
Apfelkren	24
Artischocken in Zitronensoße	104
Auberginen mit Tomaten	154
Auberginenauflauf	192
Aufstrich mit geräucherten Fischen	37
Avocadodip	53
Avocadosalat	48
Beeren mit Jogurt	129
Beiried mit Kräuterbutter	43
Beiried mit Speckbohnen	104
Birnenjogurt mit Nüssen	131
Birnenkompott	210
Birnenschale	168
Blattsalat mit frischem Schafskäse	163
Blattspinat mit Parmesan	141
Blattspinat mit Spiegelei	155
Blaukraut	198
Bohnen mit Basilikum	136
Bohnengemüse	102
Bohnengemüse mit Tomaten	167
Bohnengemüse pikant	160
Bohnensalat auf Italienisch	133
Brathuhn	23
Burgunderbraten mit Zucchinigemüse	210
Buttermilch mit Früchten	133
Champignonsalat	33
Currygemüse mit Fisch	205
Eichblattsalat mit Ziegenkäse	66
Eieromelette	67
Eierspeis mit Zucchini	142
Eisalat mit Apfel	191
Eisalat mit Spargel	74
Eistee	98
Entenbrust in Orangensoße	199
Erdbeeren mit Sauerrahm	140
Erdbeersekt	108
Fasanenbrust mit Zucchini auf Blattsalat	220
Faschierte Laibchen	38
Faschierter Braten	22
Fenchel überbacken	191
Fenchelgemüse	194
Fenchelsalat	204

Fenchelsalat mit Äpfeln	182		Hühnerfilet auf Bohnengemüse	97
Filetspitzen vom Rind auf Blattsalat	85		Hühnersalat	79
Fischauflauf mit Gemüse und Mozzarella	209		Italienischer Fenchelsalat	207
Fischsuppe	35		Jogurtdrink mit Kiwi	153
Fischsuppe mit Gemüse	23		Jogurtnockerln auf Himbeermark	221
Fischsuppe mit Tomate	95		Kabeljau im Gemüsesud	205
Fleischpfanne mit Karotten	47		Käsesalat	42
Fogosch im Wurzelsud	185		Kalbsbraten	72
Forelle auf Kürbisgemüse	213		Kalbsgulasch	223
Forelle blau	32		Kalbskoteletts süß-sauer	54
Forelle in Mandelbutter	75		Kalbsragout	77
Forellenfilet mit Wurzelgemüse	194		Kalbsschnitzel natur	39
Fruchtcreme	156		Kalte Gemüsesuppe	146
Fruchtsalat	109		Kaninchen mit Gemüse	198
Früchtemix	143		Karfiol in Parmesan	189
Frühlingsgemüseauflauf	105		Karfiol mit Äpfeln	163
Frühlingssalat	72		Karfiol mit Käsesoße	177
Ganslbraten	197		Karfiol pikant	194
Gebratener Truthahn	221		Karotten-Apfel-Schale	87
Geflügelsalat mit Orangen und Äpfeln	203		Karottenaufstrich	219
Gefüllte Paprika mit Tomatensoße	173		Karotten im Schinkenmantel	68
Gefüllte Tomaten mit Faschiertem	186		Karotten in Senfobers	32
Gefüllte Tomaten mit Schafskäse	172		Karottensalat gekocht	31
Gefüllte Zucchini mit Krabben	136		Karottensalat in der Melone	135
Gemüse süß-sauer	173		Karpfen mit Zucchinigemüse	211
Gemüseauflauf mit Faschiertem	92		Kerbelsuppe	51
Gemüseauflauf mit Gorgonzola	207		Knoblauch-Ratatouille	170
Gemüseeintopf mit Huhn	135		Knoblauchforelle	201
Gemüseeintopf mit Putenfleisch	130		Knoblauchsoße	72
Gemüsepfanne für Eilige	201		Knoblauchspießchen	79
Gemüsepfanne mit Mozzarella	138		Kohlrabisalat mit Radieschen	138
Gemüsesalat	185		Kohlrabisalat mit Walnüssen	171
Gemüsesalat mit Käse	86		Kräutercremesuppe	70
Gemüsesalat mit Koriander	98		Kräuterforellen auf Gemüse	62
Gemüsesulz	20		Krautfleisch	88
Gemüsesuppe mit Parmesan	156		Krautrouladen	19
Gemüsetopf	175		Krautsuppe mit Käse	181
Griechischer Bauernsalat	144		Kürbis gebraten	197
Grüne Bohnen mit Parmesan	109		Kürbiseintopf	184
Gulaschsuppe mit Putenfleisch	38		Kürbissalat mit Schafskäse	206
Gurken-Lauch-Carpaccio	57		Lachsforelle auf Gemüsebeet	131
Gurkensalat	36		Lachsforellenfilets natur	71
Gurkenschaumsuppe	61		Lachsforellensteak mit Kräuterbutter	58
Hechtfilet natur mit Gemüse	165		Lachsragout mit Kohlrabi	96
Heilbutt mit Gemüse	181		Lachssalat	66
Hubertusschnitzel	103		Lachssteaks auf Wurzelgemüse	48
Hühnerbrüstchen in grüner Soße	90		Lammbraten	49
Hühnerbrüstchen mit Lauchfüllung	109		Lammeintopf	138
Hühnerbrüstchen mit Spargel	67		Lammfilet mit Roquefort	95

Lammkoteletts	41
Lammkoteletts mit Speckbohnen	112
Lasagne mit Weißkraut und Faschiertem	203
Lauchpfanne mit Tomaten	179
Lauchsuppe	50
Linsen mit Stangensellerie	190
Löwenzahnsalat	78
Majoranfleisch	187
Mangold mit Pinienkernen	166
Marinierte Auberginen und Zucchini	174
Marinierte Zucchini	176
Marinierter Ziegenkäse auf Blattsalat	184
Mariniertes Gemüse	188
Melonensalat mit Mozzarella	110
Mischsalat	142
Mittelmeersalat	139
Obstsalat	161
Omelette mit Champignons	27
Omelette mit Käse	102
Omelette mit Oliven	132
Orientalischer Gemüsetopf	134
Paprikahuhn	33
Paprikasalat	200
Paprikaspieß	186
Pfirsichjogurt	145
Pikante Avocadocreme	66
Pikanter Salat	27
Pikantes Gemüse	77
Pikantes Huhn	155
Provencalischer Eintopf mit Huhn	152
Putengulasch	215
Putenpfanne mit Paprika	182
Putenrollbraten	220
Putenschnitzel auf Gemüseallerlei	93
Putenschnitzel mit Zucchini	137
Putenspieß im Speckmantel	168
Radicchio mit Avocado	60
Radicchiosalat	190
Radieschensalat mit Brunnenkresse	141
Räucherforellenfilets auf Blattsalat	178
Räucherlachssalat	89
Rahmsuppe	33
Rehrücken mit Mangold	163
Rindfleischeintopf mit grünen Bohnen	86
Rindfleischsalat	29
Rindfleischsalat mit Käse	106
Rindsbraten mit Wurzelgemüse	46
Rindsfilet natur	63
Rindsfiletspitzen in Champignonsoße	175
Rindsgulasch	195
Rindslungenbraten in Paprikasoße	91
Rindsragout mit Wurzelgemüse	37
Rindsrouladen	27
Rohkost mit Nüssen	192
Rohkostplatte	90
Rotbarschfilets mit Gemüse	140
Rotbarschfilets mit Tomaten	158
Rote Fischsuppe	171
Rote-Rüben-Salat	180
Rote-Rüben-Salat mit Fenchel	201
Rotkraut mit Trauben	197
Rotkrautsuppe	211
Rucola mit Putenbruststreifen	74
Rucola-Salat	96
Eierspeis	181
Rustikaler Salat	149
Saiblingfilets auf Gemüsebouquet	149
Salat mit Ei und Radieschen	82
Salat mit Radieschen und Champignons	132
Salat mit Räucherforellen	69
Salat mit Räucherlachs	21
Salat mit Rohschinken	134
Salat mit Roquefort	60
Salat mit Ziegenkäse	95
Salatteller mit Hühnerbruststreifen	87
Salat Tropicana	159
Sauerkraut-Rohkostsalat	25
Sauerkrautsuppe	45
Scharfe Zucchini	188
Schnitzel mit Schinken und Salbei	218
Schwammerlgulasch	137
Schweinskoteletts mit Tomaten und Oliven	206
Schweinskoteletts mit überbackenen Tomaten	147
Schweinsmedaillons mit Gemüse	103
Schweinsschnitzel mit Avocadopüree	42
Seelachsfilet mit Chicoree	50
Seelachsfilets mit gefüllten Tomaten	167
Seezunge überbacken	84
Selleriecremesuppe	221
Selleriepüree	183
Selleriesalat gekocht	210
Selleriesalat mit Orangen	38
Sommergemüse	141
Sommerlicher Gemüsetopf	157
Sommersalat	155
Spargel in Buttersoße	89

Spargel mit Avocadosoße	112
Spargel mit Balsamicoessig	92
Spargel mit Vinaigrette	83
Spargelsalat	96
Spinatgratin	151
Spinatsalat mit Eiern	88
Spinatsalat mit Äpfeln und Nüssen	106
Spinatsalat mit Mozzarella	144
Spinatsalat mit Schafskäse	129
Steaks in Tomatengemüse	196
Steirisches Wurzelfleisch	28
Szegediner Gulasch	59
Tafelspitz	24
Tunfischsalat	100
Tomaten mit Basilikum-Oberssoße	193
Tomaten mit Tunfisch	91
Tomaten-Mais-Gemüse	202
Tomatensalat	170
Tomatensalat mit Frühlingszwiebeln	130
Tomatensalat mit Mozzarella	140
Tomatensalat mit Schafskäse	169
Tomatensauce mit Kohlrabi	107
Tomatensuppe mit Basilikum	188
Tomatensuppe mit grünen Bohnen	92
Topfenauflauf mit Äpfeln	216
Topfencreme mit Erdbeeren	94
Topfencreme mit Zitronenmelisse	111
Traubenjogurt	162
Überbackene Schinkenrollen	200
Überbackene Zucchini	189
Vitamindrink	148
Waldorfsalat	213
Warmer Karfiolsalat	187
Weihnachtskarpfen	221
Weißkraut in Speckmarinade	195
Wirsinggemüse	58
Wirsingrouladen mit Gemüse	88
Wirsingrouladen mit Lachs	83
Wirsingtaschen mit Hühnerbrüstchen	52
Wurstsalat mit Mortadella	165
Wurstsalat mit Sellerie	102
Wurstsalat mit Tomaten	145
Wurzelgemüsesalat	41
Zanderröllchen mit Spinat	82
Zucchiniauflauf	156
Zucchinicremesuppe	172
Zucchinigemüse mit Tomaten	200
Zucchinigratin	133
Zucchinirouladen	160
Zucchinisalat	165
Zucchinisalat mit Mozzarella und Sellerie	199
Zucchinitopf mit Faschiertem	143
Zwiebelfisch	219
Zwiebelomelette	36
Zwiebelrostbraten	204

Kohlenhydratgerichte

Amarettotraum	47
Bärlauchsuppe	65
Bananendessert	25
Bananenfrühstück	62
Bananenmilch	67
Bananenmüsli	19
Bandnudeln mit Gemüsesoße	108
Bauernsalat	54
Bischofsbrot	80
Blätterteigtaschen mit Gemüse	183
Blattsalat mit Eierschwammerln	153
Blaukraut-Risotto	205
Brennnesselsuppe	85
Bröselgemüse	147
Brot mit Avocadotopfen	173
Brot mit Butter und Schnittlauch	57
Brot mit Mozzarella	91
Brot mit Obatztem	29
Brot mit Tomaten und Kresse	157
Brot mit Topfen und Kresse	54
Buchweizenlaibchen	87
Buchweizennockerln mit Champignonsoße	34
Butterbrot mit grünem Paprika	167
Chinakohl gedämpft	53
Currygemüse mit Getreide	148
Curryreis	43
Dinkelkipferln	211
Dinkelmüsli	23
Dinkelnockerln	212
Eiernockerln	28
Eischaum	55
Frischkäsebrot	44
Frühstückstoast mit Honig	63
Gebratene Bananen	199
Gedünsteter Reis	75
Gefüllte Kartoffeln	39
Gefüllte Paprika mit Mozzarella	204
Gefüllte Zucchini	182
Gemüseallerlei	153
Gemüseeintopf mit Speck	40
Gemüsegratin mit Schafskäse	218
Gemüsegulasch	84
Gemüselaibchen	44
Gemüsepfanne mit Hirse	98
Gemüsepfanne mit Kartoffeln	73
Gemüsepfanne mit Weizen	207
Gemüsepuffer	19
Gemüsereis	161
Gemüsesandwich	170
Gemüsesuppe mit Gerste	179
Gemüsesuppe mit Reis	56
Gemüsesuppe nach Art des Hauses	94
Germknödel	24
Gestürzte Oberscreme	99
Grahamweckerl mit Rahmbrie	110
Grießauflauf	21
Grießsuppe	217
Grüne Bohnen mit Speck	107
Gurkenbrot	174
Hafermüsli	51
Heidelbeermarmelade	158
Heidelbeermüsli	166
Hirseauflauf mit Gemüse	132
Hirseflockensuppe	219
Hirsotto	224
Hörnchen mit Gemüse und Speck	111
Jogurt mit Dörrzwetschken	177
Kaiserschmarren	18
Karfiol in Bröselbutter	158
Karfiolsalat mit Heidelbeermarinade	154
Karfiolsuppe	105
Karfiolsuppe mit Broccoli	142
Karotten-Sauerkraut-Salat	35
Karottenauflauf mit Kartoffeln	61
Karottencremesuppe	223
Karottensuppe	37
Kartoffelauflauf mit Kohlrabi	93
Kartoffelauflauf mit Wirsing	47
Kartoffelaufstrich	73
Kartoffelcremesuppe	53
Kartoffeleintopf	58
Kartoffelgratin mit Frischkäse	186
Kartoffelgulasch	75
Kartoffelgulasch mit Kürbis	164
Kartoffelknödel	29
Kartoffelknödel mit Lauchbutter	222
Kartoffellaibchen	30
Kartoffellaibchen mit Mozzarella	189
Kartoffeln mit Kräutertopfen	93
Kartoffeln mit Schafskäsekruste	31
Kartoffelnockerln	71
Kartoffelnudeln mit gebratenen Zucchini	162
Kartoffelpastete mit Kräuterjogurt	76
Kartoffelpüree	62
Kartoffelsalat mit Gurke	179

229

Kartoffelsalat mit Tomaten	64	Reisknödel mit Frischkäse	224
Kartoffelstrudel mit Eierschwammerln	139	Reislaibchen	217
Kartoffelstrudel mit Lauch	131	Reisschnitzel	76
Kartoffelsuppe mit Gurke	44	Reissuppe	32
Kartoffelsuppe mit Karotten	21	Risotto mit Gemüse	100
Kartoffeltaschen mit Speck	99	Risotto mit Gurken	79
Kastanienreis mit Schlag	180	Risottoauflauf	178
Knoblauchbaguette	203	Rosmarinkartoffeln	215
Knoblauchkartoffeln	46	Sauerkraut	86
Knoblauchsuppe mit Brotwürfeln	20	Sauerkrautgemüse	63
Kohlrabisuppe	100	Schokobusserln	218
Kohlrouladen	55	Schwammerlreis mit Kräutern	222
Kokoskugeln	73	Semmelknödel	69
Kräutersuppe	82	Spagetti mit Fenchel-Paprika-Gemüse	212
Krautfleckerln	192	Spagetti mit Gemüsesoße	151
Kresseschaumsuppe	31	Spagetti mit Olivenöl & Knoblauch	35
Kümmelkartoffeln	26	Spagetti mit Spargel	78
Kürbisgemüse mit Kartoffeln	191	Spagetti mit Wintergemüse	202
Kürbisschnitzel	180	Spagetti mit Wurzelgemüse	45
Kürbissuppe mit Karotten	162	Spagetti mit Zucchini	175
Lachsbrötchen	185	Spargel mit Butter und Schnittlauch	103
Lauchcremesuppe	160	Spargel mit Ziegenkäse	101
Marillen-Haferflockenmüsli	154	Spinatgnocchi	85
Marillenknödel	101	Tagliatelle mit Gemüse	81
Minestrone	159	Tomatenbrot	152
Mohnnudeln	90	Topfenaufstrich süß	40
Mohnstrudel	22	Topfencreme mit Bananen	184
Mousse au chocolat	190	Topfencreme mit Rosinen	70
Müsli mit Feigen	150	Topfenknödel	41
Nockerln mit Zwiebeln und Speck	25	Topfenstangerln	223
Nudeln mit Champignons	64	Topfentascherln	57
Nudeln mit Zucchini-Karottensoße	146	Tortellini-Auflauf	196
Nudelsalat	110	Überbackenes Brot mit Schafskäse und Basilikum	146
Nudelsalat mit Räucherlachs	26	Vollkornbrot mit Butter und Honig	76
Nudelsalat mit Zucchini	172	Vollkornnudeln mit frischen Pilzen	166
Nussgebäck	97	Vollkornnudeln mit Rahmgemüse	187
Nussstrudel	40	Weihnachtsbäckerei	216
Omelette mit Speck	68	Wirsingrouladen mit Reis	71
Palatschinken	60	Zimtparfait	69
Paprika-Zucchini-Salat	148	Zucchini-Grünkern-Auflauf	208
Paprikareis	136	Zucchininockerln	108
Pikante Polentaschnitten	150	Zucchinirisotto	164
Pikanter Kartoffelsalat	52	Zwetschkenknödel mit Dörrzwetschken	36
Polentanockerln mit Paprika	59	Zwetschkenröster mit Dörrzwetschken	18
Polentaschnitten	214	Zwiebelkartoffeln	68
Pumpernickelwürfel	224	Zwiebeln mit Honig	56
Radieschensuppe	104		
Reis mit Gemüsestreifen	51		
Reisauflauf	28		

Neutrale Gerichte

Auberginen mit Speck	196
Avocado mit Knoblauch	77
Avocadokaltschale	134
Basilikumsoße	202
Blattspinat mit Brennnesseln	135
Blattspinat mit Speck	164
Bohnengemüse mit Fenchel	217
Buntes Knoblauchgemüse	39
Chicoree gedünstet	56
Erbsenpüree	70
Fenchel in Safransoße	215
Fenchelcremesuppe	198
Fenchelgratin mit Frischkäsesooße	206
Gebratene Auberginen und Zucchini	183
Gefüllte Auberginen	171
Gemüseauflauf mit Frischkäse	169
Gemüseaufstrich	43
Gemüsecremesuppe	157
Gemüsespieße	143
Geröstete Salatgurke	59
Grüne Bohnen mit Eierschwammerln	144
Gurkenaufstrich	48
Gurkenkaltschale	130
Gurkensoße mit Dille	30
Heidelbeeren mit Zimtobers	139
Jogurtgetränk	159
Käseaufstrich	46
Karotten in Rahmsoße	214
Karottengemüse mit Broccoli	150
Karottengemüse mit Zuckerschoten	101
Karottenpfanne	64
Kräuterbutter	99
Krenaufstrich	45
Kürbisgemüse	168
Lachsbutter	42
Lauchaufstrich	52
Lauchgemüse	149
Lauchgratin	55
Liptauer	22
Maiskolben mit Kräuterbutter	147
Mangold mit Zwiebeln und Speck	169
Melone mit Schinken	107
Mozzarellaspießchen	105
Pikante Eierschwammerln	152
Radieschenaufstrich	83
Räucherforellenbutter	78
Sauerkraut mit Speck	26
Schafskäse pikant	20
Schnittlauchaufstrich	89
Schwammerlsuppe mit Gemüse	111
Spargel mit Salbeibutter	106
Spinatcremesuppe	80
Topfenaufstrich mit Dille	84
Topfenaufstrich mit Nüssen	214
Überbackener Blattspinat mit Champignons	174
Weißkraut	30
Wirsing mit Lauch	212
Wirsinggemüse mit Champignons	74
Wirsingrouladen mit Champignons	94
Zucchini mit Karotten	216
Zucchinikaltschale	151
Zucchiniröllchen	195
Zucchinischeiben gebraten	178

231